仕事のお守り

働くひとに「お守り」を

いきなり私事で恐縮です。祖母がまだ生きていた頃、幼い私によくこんなことを語りかけました。

「元気に過ごせるのが一番よ」

祖母の妹にあたるおばさんは、今も私に会うたびに、

「健康第一、よーく言っておくよ。健康第一」

と耳にタコができるほどに言います。

どちらも、いったいどれほど聞いてきたか、わかりません。

とはいえ、こうした言葉をふだんから意識しているわけではありません。実際、モーレツに働いているときは、目の前の仕事にいっぱいいっぱいで……。

「うわー、やばい。締め切りにもう間に合わないよ！」

「あれも、これも、あっ、あれまでも！……何もかも終わっていない（涙）」

くる日もくる日も時間に追われ、進んでいるのか、後退しているのかさえわからない。「ほがらかな出版社」を標榜《ひょうぼう》する私たちでさえそうなのですから、さぞ、ふつうの会社にお勤めの皆さんはよりシビアなことと察します。

特に、これからますます「競争」が激しくなっていきそうですから。「国際社会で生き残っていくために勝つんだ！」と鼻息荒く豪語するお偉いさんたちの声がキンキンと響く昨今の世情であります。

が、ふと、冷静になって思うことがあります。

「勝ち」があれば「負け」がある。ということは、「勝ち」に走ればいずれは「負け」る。

こんなことを言うと、とたんに「いや」と、反論が聞こえてきそうです。

「ずっと勝ちつづければ、いいだけじゃないか」と。

たしかに、勝ちつづけたら負けることはないかもしれませんね。けれど、そんなことは実際に起こりうるのでしょうか？　ボクシングの世界でも、「不敗」「最強」と謳《うた》われた世界チャンピオンが王座からあっけなく陥落《かんらく》。こうした映像を、私たちは何人も何十人も目にしてきました。世界史を振り返れば、古今東西、栄華をきわめた帝国は数知れません。が、今や、それらの帝国の一つとして存在せず、私たちは教科書で知るのみです。

このように、勝ちつづけるなんてことは、現実にはありえない。

個人も、組織も、会社も、国も、もっと大きなものもすべて、いいときもあれば悪いときもある。まず、この前提に立たないと、仕事の話も、なんだかおかしなことになってしまいます。

それに、そもそも……。優劣を競うなんて、実は、むなしいことなのではないでしょうか？　少なくとも、おそらくそこに本質がないことは、誰もがうすうす気づいているはず。

だって、生涯一の絶景を前に初日の出を迎えるような瞬間が訪れたとして、そのとき人は、「〇〇君より、いい仕事ができますように」なんてことを言うでしょうか。仮にその場所では仕事に関することしか言ってはいけないという制約があったとしても。

たぶん、「〇〇君より」といった具体的なことよりも、もっとぼんやりとした根源的な、あるいは「大きな」ことを口にするはずです。たとえば、「大金持ちになりたーい」とか（笑）。

スケールの大きなものを前にすると、他者と比べて自分はどうこう、という相対的で小さなことは飛んでいくものでしょう（もっとも、「大金持ち」になることがスケールの大きな話かは疑問ですけどね）。

仕事も同様です。

スケールの大きなものを前にしたときと同じように、「仕事をする」ということの根っこには、勝敗、優劣などからは遠く離れた、大切な何かが宿っている。

こんなことをふと思うとき、私のなかで眠っていたはずの祖母やおばさんの言葉がむくむくと立ち上がってきます。

「元気に過ごせるのが一番」「健康第一」

さんざん聞いていては忘れていたこうした言葉が、自分の中心部分で支えになっているのを実感します。言葉の意味が必ずしも重要なわけではありません。「そうだそうだ」と意味を理解したわけではなく、ただこうした言葉は、ふっと寄り添うように私を芯《しん》から温めてくれるのです。そして、その温かな、微《かす》かな熾火《おきび》を感知できているとき、確実に、気持ちのいい仕事ができていることに気づきます。

そうしたとき、きれいごとではなく、こう思える瞬間が訪れます。

「かかわる人がみな笑顔で楽しく、そして、長きにわたって、いい仕事ができますように」

いかにも漠とした言葉です。が、この想いだけが最終的にずっと生き残るのではないでしょうか。どれほど流行が変化しようとも、どれほど景気に浮き沈みが生じようとも、状況に左右されずその人を支えつづける言葉。そうした言葉を多くもっている人こそが強くしなやかに生きていけるのだと思います。本書をもつすべての人がそうなるよう、思いをこめて編集しました。


そもそもこの企画は、自由が丘と京都の二拠点にオフィスをもつミシマ社のもとに来る、多くの学生さんたちとのふれあいがきっかけで生まれました。去年、就活をしていた子の何人かは、「ミシマ社の本をお守り代わりに面接にもっていきました!」と言ってくれました。今年の四年生には、「就活、しんどいです……」とこわばった顔で言ってくる子もいます。

彼ら・彼女らと接するなかで、本が「お守り」のような存在になりうるのなら、そういう効果をもった「一冊」を入魂しようではないか! と思ったわけです。もちろん、自分たちも、そういう本があれば迷わずつねにもち歩きたいですから。

結果、こういう本が誕生することになりました。

・創業以来、「一冊入魂」を掲げる出版社が文字通り「入魂」するお守りのような本。

・働くすべての人にミシマ社からお贈りしたいビジネス書。

「小さな総合出版社」としてジャンルを問わず発刊する出版社だからこそ出会えた著者の方々の言葉、古今東西の名著から数々の金言を収録いたしました。

もちろん、お守りにもいろいろあります。「恋愛成就」「合格祈願」「商売繁盛」など、目先の成功を願ったものも少なくありません。そういう意味で、短期的な目標を叶《かな》えるための思考や言葉もちゃんと入れています。

けれど、本書の深い願いは、皆さんが長きにわたって楽しく仕事ができること。これに尽きます。

仕事のお守りが、どうか皆さんのもとで大活躍しますように。

ミシマ社　三島邦弘

仕事のお守り　目次

第一章　パワーをもらう――勇気と元気

皆さんがお守りを買うときのことを振り返ってみてください。

人生で初めてお守りを買ったのはいつですか?

おそらく、学業お守り、合格祈願お守りなど、受験の前ではないでしょうか。まずは、自分を応援して! 神様、なんとか私を合格させて! というところから入ったと思います。

仕事も同じで、身も心もぼろぼろになったり、矢尽き刃おれ、私にはもうなにもありません、ということも働いていればときにあるでしょう。

神にもすがる境地で、どうか私に力をください、応援してください、という気持ちにもなるでしょう。

そんなときどうすればいいか、というと——元気な人のそばに行くことです。

というわけで第一章では、元気な方の、勇気が出る言葉、奮い立つような言葉を中心に集めました。

生き延びていくことに価値がある

就職活動中の人も、新人さんも、中堅もベテランも、何年経験を積んでも仕事の悩みは尽きないものです。ある悩みはある時点に解消しても、また違う悩みが生じるもの。「浜の真砂《まさご》は尽きるとも世に盗人の種は尽きまじ」ではないですが、現代においては、個人個人の悩みの種こそ尽きないでしょう。

そうした「尽きまじ悩みの種」のなかでも、多くの人が最初に経験するのは、こうした悩みではないでしょうか。

――やりたいことが見つからない、就職が決まらない、自分は誰にも必要とされていないのではないか、漠然とした不安に押しつぶされてしまう……。何者かにならないといけない。そんな強迫観念に押しつぶされそうだ――

若い人にかぎったことではないかもしれません。中年になってふいに頭をもたげる種類の悩みのひとつでもあるでしょう。会社員として任された仕事をただ淡々と何十年とやってきて、ふとこれまでを振り返ったとき、「自分は何者か」という不安に駆られる。そして悩む。そういう人はけっして少なくないと思います。

そんな方々にお届けしたいのが、「無名に埋没せよ」との語りかけです。

渡辺京二さんという在野の思想家の方の発言で、『女子学生、渡辺京二に会いに行く』(渡辺京二×津田塾大学三砂《みさご》ちづるゼミ、亜紀書房)という本に収録されています。ちなみにこの本は、『オニババ化する女たち』(光文社新書)などの著書がある三砂ちづる先生(津田塾大学教授)とそのゼミ生たち九人が、熊本にお住まいの渡辺京二先生を訪ね、二日間にわたりお話をされた内容がまとめられています。

この渡辺京二先生、一九三〇年生まれなので、今年(二〇一三年)で八三歳になられます。『北一輝』『逝きし世の面影』などの著作は、日本の思想、哲学に大きな影響を与えました。三砂先生ご自身、長く憧れ敬愛されていたようで、「渡辺京二という人の紡ぐ文章にどれだけ胸を打たれ、助けられ、励まされて来たかしれない」と書いておられます。

この本の面白さは、なんといっても、女子学生たちと渡辺先生の人生へのとらえ方のあまりの落差です。女子学生たちの言葉にならない生きにくさに対して、渡辺先生は、「何をそんなに悩んでいるの?」と言わんばかりに、すぱっと明朗快活にお答えになります。その答えっぷりからは、まるで渡辺先生のほうが女子学生ばりの若さを持っているように感じられます。

たとえば、ご自身の子どものころからのエピソードなどを交えながら、こんなことをさらりとおっしゃる。

自己は生まれた途端に実現されている。(P234)

また、こうもおっしゃっています。

人間というものは、何も社会から必要とされるとか、社会のために役立つとか、そのために生きているんではない。(P227)

どきっ。

とされた方も多いのではないでしょうか。「社会に役立つ人になりなさい」。そう言われつづけて育ってきた人は少なくないはず。ところが、渡辺先生は、「社会のために役立つとか、そのために生きているんではない」というのです。その心は……。

せっかく生んでもらった自分のこの生命というものを、生き延びさせていくということが、それ自体で、価値があることなんですね。（略）社会のためになんか役立たんでよろしゅうございます。だいたいこの人間の歴史に、いろんな災いをもたらしたやつは、社会に役に立ってやろうと思ったやつが引き起こしたわけでございます。（P227〜228）

「社会のためになんか役立たんでよろしゅうございます」。この、「よろしゅうございます」がなんとも乙《おつ》で、「はい、先生」と気持ちよく答えたくなりますよね。なんといっても、「自己は最初から実現されているのです」から。

では、渡辺先生は、なぜこのような考えを確信するに至ったのか？

半生を簡単に紹介しますと——。一九三〇年に京都に生まれ、その後熊本で数年を過ごしたのち、小学校二、三年生を北京《ペキン》で、四年生から旧制中学四年生までを旧満州の大連で過ごされます。その後日本に戻り、東京で家族を持ちますが、お給料が足りず、このままだったら一家心中だなあと思い、友人を頼って熊本へ。本屋に勤めたり、雑誌を出版したりしてもうまくいかず、お寺で始めた塾が大繁盛しますが、水俣《みなまた》の裁判で支援団体をつくり、チッソ本社を占拠したりしているうちに、授業ができずつぶれてしまいます。その後五〇歳で河合塾の講師となり、やっと人並みの生活ができるようになったそうです。

そういう人生経験からにじみ出た言葉が、「自己は最初から実現されている」なのです。

最後に、「自分」というものについての大切なとらえ方を渡辺先生に教えていただきましょう。

大切なのは、その実現されている自己を、たとえば自分は人とのつきあいがあんまりうまくいかないとか、集団というのがあんまり好きじゃないとか、あるいは言葉でうまく表現ができないとか、そういうふうな自分の性格があるとしたならば、自分のその性格というものを磨くことなんですね。まかり間違っても、自分はあんまり社交的な人間ではない、だから自己啓発だとか言って、自分を作り替えようなどとしないことですね。（P236）

いかがでしょうか？

「自分はあんまり社交的な人間ではない、だから自己啓発だとか言って、自分を作り替えようなどとしないことですね」

この意味をしっかりと受け止めたうえで、次へと進みたいと思います。もちろん、最初の「お守り言葉」はこれで決まりです。

お守り言葉

〇一

自分を作り替えようとしてはいけません。

弱い者が世界を切り開く

「自分を作り替えない」

この言葉を刻んでもなお、不安は少し残るでしょう。本当にこのままでいいのか？　このまま無名の人生を歩んでいっていいのか、と。そんなときは、生き証人に触れることです。論より証拠。世の中は広く、人生は人の数だけあることを忘れてはいけません。

そこで登場いただくのが、エリック・ホッファーという社会哲学者です。

彼は、無名であることを気にせずに、港湾労働者として過酷な半生を過ごしながら、ひたすら自分の気持ちに忠実に哲学や思想を深め、晩年は書物を通して、アメリカ、そして世界の人々に大きな勇気を与えました（『エリック・ホッファー自伝』作品社）。

一九〇二年にニューヨーク、ブロンクスでドイツ系移民の子どもとして生まれたホッファーは、七歳のときに母親と視力を失い、正規の学校教育を受けることなく育ちました。

一五歳のときに奇跡的に視力を回復したのを機に、一日一〇～一二時間の読書にふけるようになります。またいつ目が見えなくなるかもわからないという気持ちがそうさせたようです。

一八歳前後で父親が死に、養育係の女性とも別れ、天涯孤独《てんがいこどく》の身に。手元に残った三〇〇ドルを持ってバスでロサンゼルスへ行き、貧民街に住むことになります。当時の状況を彼は、「子供部屋からいきなり貧民街へ入ったようなもの」と語っています。

さまざまな職を転々としながらその日暮らしをつづけ、二八歳のとき「今年の終わりに死のうが、一〇年後に死のうが、いったい何が違うのか」という感覚に襲われ自殺をはかります。

未遂に終わりますが、そのときにホッファーは生きる覚悟を決めたそうです。

その後、季節労働者となり、一〇年間カリフォルニア州各地を渡り歩くこととなったホッファーは、社会に適応できない人たちの存在に興味を持つようになります。そして、ひとつの考えに至ります。それは、

――人の社会では、けっして力のある者が常に勝負に勝つわけではなく、むしろ、弱い者

が世界を切り開いていく役割を果たしている、社会に独自性を与えている――という考えです。

ある季節労働者のキャンプにいたときのホッファーの言葉をヒントにしてみましょう。

開拓者とは何者だったのか。家を捨て荒野に向かった者たちとは誰だったのか。人間はめったに居心地のよい場所を離れることはないし、進んで困難を求めることもない。財をなした者は腰を落ち着ける。居場所を変えることは、痛みを伴う困難な行動だ。（P66）

「人間はめったに居心地のよい場所を離れることはないし、進んで困難を求めることもない。財をなした者は腰を落ち着ける」。だからこそ、「強いものが世界を切り開くのではない。世界を切り開くのは弱い者のほう」なのですね。

実際、今の日本を見ても、それは明らかだと思います。

「国民のために」「弱者救済」といった耳触《みみざわ》りのいいフレーズを、選挙のたびに政治家は掲げますが、当選後、その通りに実行されることはありません。あくまでも選挙に当選するためのフレーズでしかないと開き直っているようにも思えます。しょせん、候補者にとっては、身を切るほどの切実な願望ではないからです。

そういう意味で、真に社会に独自性を与えるのは、ホッファーの言うように弱い者でしかないのでしょう。では、その「弱い者」とは？　つづけて引用してみます。

それでは、誰が未開の荒野へ向かったのか。明らかに財をなしていなかった者、つまり破産者や貧民。有能ではあるが、あまりにも衝動的で日常の仕事に耐え切れなかった者。飲んだくれ、ギャンブラー、女たらしなどの欲望の奴隷。逃亡者や元囚人など世間から見放された者。そして、このほかに冒険を求める少数の若者や中年が含まれる。おそらく現在、季節労働者や放浪者に落ちぶれた者と同じタイプの人間が、一昔前は開拓者の大部分を占めていたのだろう。（P66）

日本でいえば、「信長」タイプというやつですね。「うつけ者」と呼ばれ、母親からも弟に家督を継がせるべきと思われていた信長が、群雄割拠《ぐんゆうかっきょ》する戦国乱世のなかで頭ひとつ抜き出た存在となったわけです。まさに、「世間から見放された者が荒野を開拓した」という構図です。

ホッファーは、つねに社会の最底辺に身を置き、働きながら読書と思索をつづけてきました。晩年は、港湾労働者として働くなか、一九五一年に『大衆運動』という著書を発表し、著作活動に入っていきます。そして、六七年には著作が世に認められ、全米でホッファー・ブームが巻き起こる人気をみせます。彼自身の言葉にあるように、かつて社会から疎外されつづけたホッファーが、反対に社会や世間から必要とされるようになっていくのです。

ちなみにホッファーは、生き様が強烈であるだけでなく、その洞察には、生真面目でありつつも、彼の肉体からほとばしって出てきた「明るさ」がにじみ出ています。そこも、彼の魅力のひとつでしょう。

最後にこの言葉を紹介して締めたいと思います。

私はこれまでずっと、肉体労働をしながらものを考えてきました。すばらしい考えは、仕事をしているときに生まれて来たのです。同僚と話しながらくり返しの多い作業に汗を流し、頭の中では文章を練り上げたものです。引退した途端、この世のすべての時間が転がり込んできました。しかし、自分の頭があまり回らないことに気づいたのです。頭を下げ、背中を伸ばしているのが、何かを考えるには最善の姿勢なのかもしれません。（P169）

すばらしい考えは、仕事をしているとき生まれてくる。

たくましく、楽天的に

次に、ホッファー同様、無名時代をめげずに生きた日本人にご登場いただきます。

日本では知らない人はいない、明るく前向きにユーモアを失わず、激動の人生を歩まれたこの方、水木しげるさんです。

言わずと知れた、「ゲゲゲの鬼太郎」の生みの親である水木さんは一九二二年生まれ。太平洋戦争で激戦地ラバウルに出征したときに爆撃を受け、左腕を失われますが、その後、紙芝居画家を経て、漫画家に。その間のエピソードを語られた自伝的一冊『ほんまにオレはアホやろか』(水木しげる、新潮文庫)を見ていきましょう。

ここには貧乏時代の話が数多く語られています。

漫画家としてなかなか芽が出ないなかで、妊娠した奥さんのお腹はどんどん大きくなっていきました。原稿料をもらおうとした出版社が倒産してしまったり、大蔵省の役人が家に来て、「この土地は、国有地で、大蔵省の所有である」と言いだしたり、不運もつづきます。その頃に来た税務署の人に、「申告した収入があまりにも少なすぎますな。ごまかしてるんじゃないですか」と言われて、「ぼくは思わず一喝した。『あんたらに、われわれの生活がわかるもんかい』よほど迫力があったとみえて、それ以後、税務署は姿を見せなくなった」というエピソードも語られています。そこにあるのは、けっして深刻さではありません。その後に、次の一文がつづきます。

そのころのぼくをささえていたのは、ただ、自信だけだった。作品の自信ではない。生きることの自信だった。しかし、これには悲愴感《ひそうかん》はなかった。むしろ「絶対に生かされる」という楽天的な信念だった。なにしろ、幸いなことに健康だったから、なにを食ってもうまい。（P215）

経験として厳しいものがやってきても、水木さんは一貫して不思議な楽観や自信、確信に支えられています。水木さん自身は、当時の自分には、「生きることの自信」「『絶対に生かされる』という楽天的な信念」があった、と表現しています。言い換えれば、「たくましさ」があったということでしょう。

たしかに、「たくましい」人を見ると、根拠なく「この人は大丈夫だ」と思えることってあります。私たちの周りにもいます。少し脱線しますが、ミシマ社は、二〇一一年四月から京都の城陽市《じょうようし》という京都と奈良の中間にもオフィスがあります。そのオフィスは二階建ての「ふつう」の一軒家です。その「ふつう」さは、まったくオフィス感のない、郊外の民家そのもの。東日本大震災のあと、たまたま知り合いが持っていた家を借りることができ、そのままオフィスとして使用させてもらっています（現在は、土曜日のみ「本屋さん」を開店）。

そこへ、今年（二〇一三年）の冬、ひとりの旅人がやってきました。やってきたといっても突然きたわけではありません。ミシマ社でときどき募集する「デッチ」（通常の会社でいうところの「インターン」のようなもの）に応募してきたのです。応募資格は「学生のみ」。ところが、彼は学生ではなく、徒歩で日本を行脚《あんぎゃ》している「旅人」（二〇歳）でした。高校時代にサッカーに打ち込み、卒業後、一年間は地元のサッカーのクラブチームで働き、二〇一二年一一月から行脚を始めたそうです。

訊くと、いっとき流行った「自分探し」の要素はゼロ。ただ、歩きたい。それだけが彼を動かしているようなんです。そして、岐阜の実家から、毎晩野宿を重ねたのち、奈良の明日《あす》香《か》村にたどり着きました。ミシマ社の「デッチ」募集を知ったときは、ちょうど明日香村にいました。

「着いてしばらくして、おばあさんに道を尋ねたんです。そして……いま、そのおばあちゃん家《ち》に泊まっています」

そう言って屈託のない笑顔で答えるではないですか。で、つづけて言ったことは、「ずっとおばあちゃん家にいるわけにもいかないので、ここに泊まっていいですか?」。

代表である三島もかつて「旅人」と名乗っていたことがありました。それだけに旅人にとっての「宿」のありがたさは人一倍わかっているつもりです。

「よし」

以来数カ月の間、ミシマ社では「住み込み」が誕生しました。結果、昭和さながらの「住み込みデッチ」のいる出版社になりました。それもこれも、彼なら大丈夫だろうと感じられる楽観的なたくましさが、若者にあったからです。たくましさはいつの時代も、文字どおり、頼もしいものです。

閑話休題。不安な気持ちになるときは、起きている出来事そのものの大変さよりも、不安な気持ち自体にとらわれてしまう、という経験が誰しもあると思います。そんなときに水木さんの楽観パワー、水木さん的「たくましさ」があると、無理せずとも元気や勇気が出てくるのではないでしょうか。

お守り言葉
〇三

「絶対に生かされる」という楽天的な信念。

探検的精神

たくましい人であれ。そう言われても、すぐにはたくましくなんてなれません。と思った方もいるでしょうが、たくましさはちゃんと身につくものです。

この章の冒頭でも述べましたが、その方法は実に簡単で、たくましい人のそばにいることがポイントです。
というわけで、さっそく近くへ寄ってみましょう。
なんでも見てやろう、経験をするために生きているんだ、という信念のもと、日本人として初めて南極で越冬した西堀栄三郎隊長のそばへ。

西堀さんは、一九〇三年生まれ。登山家であり、無機化学者、技術者であり、冒険家です。一九五七年二月一五日から翌五八年二月二四日までの一年間、南極の昭和基地で、第一次南極観測隊の副隊長兼越冬隊長を務めました。そのときの生活記録は、『南極越冬記』(岩波新書)に詳しくまとめられています。

基地での生活では、一年分の食料・生活品の確保、閉ざされた環境のなかでの未知なるものへの不安、つねに死と隣り合わせの、ある種、極限状態での人間関係などを経験されました。

地球の果てへの地理的探検は、南極からヒマラヤの高峰にまでおよび、日本の探検界のリーダー的存在でもあり、そればかりか、科学者・技術者として自ら製造にも携わり、品質管理、原子力、海洋と、いずれの分野においても探検的精神をつらぬかれました。

西堀さんはつねに「体験による生きた知識」を得ようと努力した人でもあり、生前、「応用が利く、本当に役に立つ知識は、おっくうがってじっとしていては得られない。必ずそこへ足を運び、自分の手で触り、目で見て、匂いを嗅いだり時に味わったりして、初めて自分のものになる」ということをおっしゃっていいます。

西堀さんの言葉は、冒険心を根底とした端的な明快さが魅力です。ですから、私たちに直截《ちょくせつ》的に訴えてきます。

たとえば、西堀さんは「人間は経験を積むために生まれてきたんや」と語ります（『石橋を叩けば渡れない。』生産性出版）。

私は、若いころから、人間というものは経験をつむために生まれてきたのだ、という幼稚な人生観を持っています。だから、どんなつらいことがあっても、それが自分の経験になると思ったら、貪欲にやってみるのです。（P7）

戦争中に甥《おい》が大学を出て、軍隊に入り出征するときも、「人間はどうせ経験を積むために生まれてきたんやから、これから戦地へ行って、めずらしいことがいっぱいある。新しい経験がいっぱいできる。非常にうらやましい結構なこっちゃ」と話したそうです。甥は二年間、中国の北から南まで戦地を歩き、大変な思いもたくさん経験されました。しかし帰国後、「経験を積むために生まれてきたんやから」と思っていれば、けっこう楽しかった、という会話をされたというエピソードが書かれています。

また西堀さんは、人には、「何かの目的」や「役に立つために」ということと関係なく、心の底から湧き上がってくる気持ちというものがある、と言います。社会に出れば、なにか社会に役立つものをつくらなければいけないと言われることがあるかもしれません。しかし、「はじめから役に立つ研究なんてあるだろうか」と西堀さんは言うのです。

人間が心の底からムラムラと湧きでてくる何ものかに駆り立てられて動くということは、非常に尊いことであって、これでこそ人間は本当に力が出てくるのだと思います。（P13）

誰に命ぜられるということもなく、一生懸命になる。私の場合でも、研究して、それがいったい何のためになるのか、といわれたら、別にお国のためになるとも、人類のためになるとも思わず、とにかく夜通しまでやった。これというはっきりした目的なり目標なりを持たなくても、人間というものは、そういう本性のために動くものであって、私は、この本性というものは、非常に尊いものだと思っている。（P14）

役に立つ知識とか研究などというものは、はじめからあるのではなく、役に立たせられたら役に立つのであり、役に立たせられなかったから、役に立たなかっただけのこと。行動ありき。西堀さんのお人柄がよく出ていますね。

人間は経験を積むために生まれてきた。

壁を破りつづける

たくましい人、つづけます。本書初登場の若手にして女性。『裸でも生きる』（講談社）の山口絵理子さんをご紹介します。

あまりにも激動の山口さんの人生。まずは本に掲載されている略歴を引用します。

一九八一年埼玉県生まれ。（略）小学校時代イジメにあい、その反動で中学で非行に走る。その後、強くなりたいと高校の「男子柔道部」に自ら飛び込み、女子柔道で日本のトップクラスに。偏差値四十から受験勉強三カ月で慶應大学に合格。大学のインターン時代、ワシントン国際機関で途上国援助の矛盾を感じ、アジア最貧国「バングラデシュ」に渡り日本人初の大学院生になる。必要なのは施しではなく先進国との対等な経済活動という理念で二十三歳で起業を決意。ジュート（麻）を使った高品質バッグを現地で生産し輸入販売する「株式会社マザーハウス」を設立。

……略歴だけでも十分に強烈ですが、実際にはこの中にさらにほんとうにたくさんの山があり谷があり、山口さんはそのたびに泣き、怒り、傷つきながらもガンガンと壁を破っていきます。ミシマ社にお手伝いに来てくれている学生さんは、この本を読んで実際にバングラデシュに行ったそうです。そんな、読む人を動かさずにはいられない、元気と勇気のつまった一冊です。

ここでは、解説を控え、山口さんの「肉声」に触れていただければと思います。

少し長いですが、エピローグから引用します。

バングラデシュで見てきた現実の中で自分の人生に最も影響を与えたものは、明日に向かって必死に生きる人たちの姿だった。

食べ物が十分でない、きれいな服もない、家族もいない、約束された将来もない。そして生活はいつも政治により阻害され、きれいな水を飲むにも何キロも歩かなければならない。そんな人たちが毎日必死に生きていた。

ただただ生きるために、生きていた。

そんな姿を毎日見ていたら、バングラデシュの人が自分に問いかけているような気がした。

「君はなんでそんなに幸せな環境にいるのに、やりたいことをやらないんだ?」って。

自分は一体何をしてきたんだ。他人と比べて一番になるなんてそんなちっぽけなことに全力を注ぎ、泣いたり笑ったり。こんな幸運な星の下に生まれておいて、周りを気にして自分ができることにも挑戦せず、したいことも我慢して、色んな制約条件を自分自身の中だけでつくりだし、自分の心の声から無意識に耳を背け、時間と共に流れていく。

バングラデシュのみんなに比べて山ほど選択肢が広がっている私の人生の中、自分が彼らにできることはなんだろう。

それは、まず自分自身が信じる道を生きることだった。

他人にどう言われようが、他人にどう見られ評価されようが、たとえ裸になってでも自分が信じた道を歩く。それが、バングラデシュのみんなが教えてくれたことに対する私なりの答えだ。（P257〜259）

お守り言葉

〇五

他人と比べて一番になるなんてちっぽけなこと。自分が信じた道を歩く。

燃える上がる願望

ここまで何人かの、信念を貫き生きる方々を紹介してきました。そういう人たちには、国や世代を超えて、なにか、共通するものがあるような気がします。そこで次は、膨大なインタビューからそういった人々の共通点を分析・紹介し、発刊以来、世界中で多くの人たちに熱い支持を受けつづけている一冊『思考は現実化する』（ナポレオン・ヒル、きこ書房）を紹介します。

自己啓発書の原点といわれる本書が刊行されたのは一九三七年。一九二九年の世界恐慌に始まる大不況がつづくなかに登場しました。駆け出しの記者だったナポレオン・ヒルが鉄鋼王のアンドリュー・カーネギーから依頼を受け、二〇年かけて五〇〇人を超える「成功者」にインタビューをし、彼らに共通する考え方などを体系的にまとめたものです。

この本のメッセージは、まさにタイトル通り「思考は現実化する」というところにあります。思考を現実化するにはどうしたらよいか？　一七のステップに分けて説明されていますが、一番重要なことは、願望や目標を明確化することだと言います。

何かになりたい、何かをしたいという燃え上がる願望がすべての出発点となる。無関心、怠惰、あるいは野望が欠如するところには決してビジョンは生まれない。成功している人々の多くが、最初はみじめな状況から出発していることを忘れてはならない。（P122）

その直後には、O・ヘンリー、ヘレン・ケラー、ベートヴェンらのエピソードがつづき、本書全体を通しても、事例や格言が満載の盛りだくさんな一冊。

なんだかうまくいかなくてマイナス思考のスパイラルに陥ってしまうとき、思考を切り替えたい！　というときに、栄養ドリンクのような即効性があります。

そのままつづけて、『思考は現実化する』よりさらに前、ある一人のイギリス人によって書かれ、ビジネス書の古典として、聖書に次ぐベストセラーとまで言われる一冊『「原因」

と『「結果」の法則』（サンマーク出版）を、この章の最後にご紹介しましょう。

著者のジェームズ・アレンは、謎が多く、詳しいことはわからない部分も多い人物です。一八六四年にイギリスに生まれ、父親の事業の破綻と死から一五歳で学校を退学になります。以後、さまざまな仕事につきながら独学で学び、三八歳で執筆活動に専念。作家としてのキャリアは、一九一二年に亡くなってしまうので九年間ですが、その間に一九冊の本が出て、世界中で愛読されています。

そのなかでも特にこの本『「原因」と「結果」の法則』は、現代成功哲学の祖として知られる前述の『思考は現実化する』のナポレオン・ヒルや『人を動かす』のデール・カーネギーなどに強い影響を与えたとされています。今なお自己啓発のバイブルとして読まれつづけている一冊です。


あなたもまた、心に強く抱きつづけるビジョンを、たとえそれが美しいものであっても、そうでなくても、いつしか現実化することになります。なぜならば、あなたは、自分が密かにもっとも愛しているものへと、つねに引き寄せられることになるからです。（P75

ワクワクするものを思い描きつづける。

〜76

「ポジティブ・シンキング」という言葉もまだなかったであろうこの時代、ジェームズ・アレン氏が自身の経験から「心に描いたものが、引き寄せられる」というその法則を導きだしたということは、よく考えるとすごいことだと思います。

その「体験からつかみ取られている感じ」が読者に伝わるということが、この本が長く読み継がれているひとつの要因なのでしょう。字も大きく薄い本で、シンプルにまとまっているので、たくさん読む気力はない……というときに、エッセンスを染み込ませるように読むのによいかもしれません。

読者に人間的成熟を求める書物

内田樹

離婚したときに、しばらく自失状態になりました。ご飯も食べられないし、仕事も手に付かない。半月で体重が七キロ減りました。そのときに「そうだ、こういう精神状態のときにどんな本が読めるかを自分を使って人体実験できないだろうか？」と思いつきました（どんなときも好奇心だけはなくならない）。

さっそく手元にある本を次々読んでみました。僕は専門がフランス現代思想ですので、まわりにあるのは哲学系の本ばかり。ミシェル・フーコー、ロラン・バルト、ジャック・ラカンなどを読んでみましたが、まったく意味がわかりませんでした。

でも、ひとつだけ例外がありました。エマニュエル・レヴィナスです。僕はちょうどそのときレヴィナスの『タルムード講話』の翻訳をしていました。タルムードの一節を取り上げて、その古拙《こせつ》な聖句にこめられた深い人間的叡智を汲《く》み出すという本のその訳稿ゲラが届いたので、どうせ仕事にならないだろうと思って諦め半分で読み始めたのですが、意外なことに、一言一言身にしみるように入ってきました。自分で訳した本ですから、何が書いてあるかわかっていたはずなのですが、読み進むにつれて「ああ、これはほんとうはそういう意味だったのか……」と訳した自分の読みの浅さに気づかされるという驚きに満ちた読書経験でした。

●行きづまりに効く一冊

『グレート・ギャツビー』（スコット・フィッツジェラルド著、村上春樹訳、中央公論新社）

●行きづまったときのおすすめ

「人間関係で行きづまった」ときはひとりでお酒を飲みながら、部屋を暗くして、男性シンガーの古いカントリーロックを聴きます。ジェームス・テイラー、ニール・ヤング、ザ・バンドなんかです。

そのときにレヴィナスは読者に「人間的成熟」を要求しているということがわかりました。父子家庭で慣れない家事をして、幼い子どもの世話をしている中で、僕は気づかぬうちに「家族とは何か」「愛とは何か」について、それ以前とは違う理解の深度に達していたのだと思います。

ゲラを読み終えたときに、僕は最悪の状態を脱していました。この状態に入る前までの僕とは「違う人間」になって出てきたということです。読者に知的成長を求める書物は少なくありません。でも、読者に人間的成熟を求める書物はそれほどには多くありません。

でも、そんなのは例外的であって、行きづまったときには「世の中、苦しい思いをしているのはキミだけじゃないよ」と慰めてくれる書物がやっぱり一番です（それに『タルムード講話』は絶版ですし……）。男の心の傷に優しく触れてくれる本の定番はスコット・フィッツジェラルドとレイモンド・チャンドラーと村上春樹です（女性読者にも同じ効果があるかどうかはわかりませんけれど）。とりあえず三人を代表して村上訳『ギャツビー』をお勧めしておきます。この選書にはチャンドラーさんも村上さんも異論はないはずです。

●**行きづまっている若者へ一言**

「脳がどれほどへたっているときでも、細胞レベルで気分がよくなること」をひとつ知っているといいですね。僕の場合は合気道。どんないやなことがあった後でも、稽古するとついにこにこ笑い出してしまいます。

うちだ・たつる

一九五〇年、東京都生まれ。東京大学文学部仏文科卒業。神戸女学院大学文学部総合文化学科を二〇一一年三月に退官。専門はフランス現代思想、武道論、教育論、映画論など。著書に、『街場の現代思想』『街場のアメリカ論』（以上、文春文庫）、『私家版・ユダヤ文化論』（文春新書・第六回小林秀雄賞受賞）、『日本辺境論』（新潮新書・二〇一〇年新書大賞受賞）、『街場の教育論』『増補版街場の中国論』『街場の文体論』（以上、ミシマ社）など多数。第三回伊丹十三賞受賞。現在、神戸市で武道と哲学のための学塾「凱風館」を主宰している。

ぶざまに戦え――

柿内芳文

深夜のカラオケボックスで、ミッシェル・ガン・エレファントを叫びながらダイブするほど、行きづまっていたことがあった。二四歳の頃だ。大学を出て、なんとなく編集者になって丸二年。僕は会社に一円も貢献できずにいた。とにかく企画が通らないのだ。書籍の編集部にいた自分にとって、企画が通らないことは何も仕事がないのと同じである。朝の挨拶はだんだんと小声になり、トイレが長くなった。机に座っていてもやることがない。パソコンに向かっているだけで仕事のポーズはとれるけど、実際にやっているのは単なるネットサーフィン。メルマガに返信していたこともあった。そして僕は、会社に行くのがイヤになった。

煙草の本数が増え、友人を誘っては鯨飲《げいいん》し、果てはダイブする。外国人に中指を立てて、追いかけられたこともあった。ぶざまだった。体重も増えた。先輩は「あせらなくていい」と肩を叩いてくれたが、それが僕を余計あせらせた。同期の五人は、雑誌や営業の部署に配属され、給料分の仕事をしている。みじめだった。嬉しいはずのボーナスが、堪え難かった。

そんなときに、なんとなく手にした本があった。何も期待せずに観た映画に、魂を揺さぶられることがある。「スミス、都へ行く」とか「パピヨン」とか「バック・トゥ・ザ・フューチャー」とか。その本もそんな一冊だった。『絶望に効く薬』というタイトルだった。一

●行きづまりに効く一冊
『ハミ出す自分を信じよう』（山田玲司、星海社文庫）

●行きづまったときのおすすめ
間違いなく、サーフィン。海水を媒介としてエネルギーに同調する行為は、つまらない世間の同調圧力から、身を守ってくれる。

歩も前に進めなくなった漫画家が、自分と、自分を受け入れない社会に絶望し、それでもなお前に進もうとする。そんな内容だったが、そのなかの一節が、僕の魂を破壊した。

「ぶざまに戦え——」

言葉って不思議だ。口を伝ってカンタンに出てくるし、電車の中吊りも街の看板も、言葉で溢《あふ》れている。でも、その何億、何兆もの艦射艦撃雨霰の中に、1・21ジゴワットのエネルギーをもって、現在から未来に一気に自分を連れ去ってくれる爆撃が仕込まれている。

人間の脳は、見たまま聴いたままをその通り記憶すると、五分でパンクするらしい。僕らは生きながらにして、自分の生を「編集」している。都合の良い情報だけを無意識に取捨選択して、編むのだ。物語にして、納得させるのだ。性格も自己認識も、その類いだろう。

それまでの僕は、使えない自分を捨てて、他人の物語を必死に生きようとしていた。でもそれじゃダメだ。戦いとは、常に自分との戦いであり、それはぶざまでいい。オスカー・ワイルドは「自分自身であれ。他の誰かはすでに埋まっているのだから」と言ったが、同じことだ。肩を叩くのではなく、背中を押してもらえた。言葉って、本当に不思議だ。

「普通」である自分を受け入れることは、「苦痛」だろう。でも、凡人は、そこからスタートするしかない。凡人だから人の三倍努力しようとか、そういう美辞麗句じゃない。もっと切実な問題なんだ。僕は、僕のやり方で、新しい戦いを開始することになった。ぶざまだが、余計なものが目に入らなくなった。仕事が少しだけ楽しくなった。

いまなお、ぶざまな戦いを続けるその漫画家は、その後、『非属の才能』という本を書き、いまそれは『ハミ出す自分を信じよう』という文庫になっている。僕の座右の書だ。

●行きづまっている若者へ一言
閉塞感を感じているとしたら、その閉塞感があることで一番得をするのは誰か？ それは、あなただ。行動しない理由ができるのだから。

かきうち・よしふみ
一九七八年、東京都生まれ。星海社新書編集長。新卒で入った光文社で『さおだけ屋はなぜ潰れないのか？』『若者はなぜ3年で辞めるのか？』『非属の才能』（以上、光文社新書）などの話題作を生み出した後、創業直後の星海社へ移籍。「武器としての教養」をコンセプトに、二〇代、二〇代のための新書レーベル、星海社新書を創刊する。ポリシーは「プロの凡人」。

*

第二章　不安一掃——厄除け

言葉によって勇気を得て、私もがんばろう、と奮い立ってひとつの山を越えた途端、一気に疲労が押しよせ、あのときの高揚感はなんだったんだろう、というようなことってよくあるものです。

でも、心配いりません。今活躍している人たちも、勇気と元気と不安をくりかえしている。みんなそうなんです、ということがこの章を読んでいただくとわかります。

そしてそれをいったん言葉として自分の体に取り込んでしまえば、そういう不安が起きたときも、そうか、これはそういう事態なのだ、と冷静に受け止めることができるようになります。第二章は不安一掃のお守りです。

ときにはコアラのように、じっと。

不安なとき、がむしゃらに動いてさらに悪化したという経験をした人は多いのではないでしょうか。そんなときにはじっとすることこそが、大事なのかもしれません。

石井ゆかりさんは、星占いやエッセイなどを執筆しているライターで、インターネットでも多くの読者を擁《よう》しています。その文章は生活者目線でありながら文学性やユーモアにも富んでいて、なにより、流行のポジティブ神話や自己啓発的テーゼに疑問をなげかけ、読み手を楽にしてくれます。

以下にご紹介するのは、石井さんがブログに綴《つづ》った文章の一節です。コアラが常食とするユーカリの葉には毒があって、その解毒《げどく》に多くのエネルギーを必要とするため、コアラはあのように緩慢《かんまん》な動きをしている、という定説があります。それを引いて、こんなふうに語っています。

ときどき、なんで自分がじっとしているのかわからないけれど、なんかじっとしている、ということがある。別にケガも病気もしていないのに、なんとなく、動けない。（略）平気なつもりでも平気じゃない、ということが、あるのである。意識には感知されない何らかの嵐が収まるまで、私たちは動けなくなるのである。コアラのように、飲み込んだ熱い毒をおさめるところにおさめきるまで、のたのたーっと、あるいは、じーーーーっと、していなければならないのである。

（ブログ「石井NP日記」http://d.hatena.ne.jp/iyukari/ 二〇一一年九月一七日より）

コアラのように「のたのたー」っと、じっとする。経営者はもとより、政治家までもが「スピード感をもって」というようなことを平気で口にする昨今ですが、動けないことにも意味がある。そう思えたら、どんどん膨らんでしまう不安の連鎖が止まって、うずくまっていた気持ちがずいぶん楽になるのではないでしょうか。

さてつづいては、うずくまっていたところから、ちょっとずつ動き出そうとしているときに効く、この言葉をご紹介します。

ほんとうになにかができるときって、もう地べたからというか、あ、これができた、よかった、これだけでもできた、よし、っていうふうに自信がついていく。病気して寝込んだことがある人にはよくわかるはず。あれが、自信。床のぞうきんがけに実に似ているもの。

（『もりだくさんすぎ　yoshimotobanana.com 2010』よしもとばなな、新潮文庫、Ｐ２０３）

よしもとばななさんの小説は、喪失の哀しみや、動き出せない気持ちに、そっと寄り添ってくれます。紹介した言葉は、日常の出来事を綴ったエッセイ集からのものです。この文章は、ばななさんが友人と「最近よく見かける人たち」について話すなかで、「ほんとうはほとんどなんにもできないのに、万能なもうひとりの自分を虚像として作り上げ、そっちに魂をどんどんあげてしまって、本体はどんどん自信をなくしていく人たち」について語っている場面でのものです。人間は弱いからだれにでもこういう気があるけど、なにもないのになにかあるふうに生きるのはつらいだろうな、自分は地べた派でいこうと思う、と綴られています。

万能なはずの自分が、あれもできない、これもできない、ではなくて、地べたにいる自分が、これができた、よし、と思えたら、ちょっと元気になれる気がします。

これができた、を自信にする。

みんなにやってくる悩み期間

ここからは実際に仕事をしていくなかで困難や不安に直面された先輩方のお話を紹介して

いきます。

まずは『謎の会社、世界を変える。エニグモの挑戦』（須田将啓、田中禎人、ミシマ社）から。著者のお二人は、株式会社エニグモの共同最高経営責任者（田中氏は、二〇一三年三月末に卒業）です。お二人は四年間勤めた博報堂を退職し、起業を決意。少しずつ仲間を増やしながら、会社の理念通りの「世界初」のサービスをつくりあげていく、起業物語です。

ここでは彼らが自信を持って、すべてを賭けてスタートしたサービス、「バイマ」の会員がなかなか集まらなかったときのエピソードをご紹介します。

バイマは、今でこそ巨大なショッピングソーシャルサイトですが、立ち上げ当初の二〇〇五年ごろは……


バイマの会員数は相変わらず伸び悩んでいた。この時期は、この先バイマはどうなっていくんだろうという不安が社内に満ちていた。全員が、深刻に悩んでいて、みんなの顔から笑顔が消えかかっていた。（P129～130）

『やんちゃであれ！』（ディスカヴァー・トゥエンティワン）という本を出すほど元気あふれるお二人ですが、彼らをもってしても笑顔が消える時期があったんですね。雰囲気を変えようと、みんなで一緒にお昼を食べるようにしたり、席替えをしてみたり、試行錯誤したそうです。

結局この時期のことを思い返すと、ビジネスがうまくいっていないから、そういうふうになっていったのだと、今になってしみじみ思う。この時期があったおかげで、「楽しい仕事をしたい」「楽しい会社を作りたい」と理想を言っても「結局ビジネスとしてうまくいかないと、楽しさってありえないな」ということを、すごく実感した。（P134）

二〇一二年には東証マザーズにも上場、世界進出も決まり、順風満帆《じゅんぷうまんぱん》に見えるエニグモですが、ここに描かれている四年間は、よいことも悪いことも振り幅最大級の激動の日々。手に汗握る緊張感があり、不安だった気持ちも直球で伝わってきます。それでも、田中さんは、「まだまだ大変だし、まだまだ油断できない。だが、あの悩み期間は、経営者として成長するという意味ではすごくよかった」ととらえています。
ちなみに、この本を読んでミシマ社に入社したスタッフもいたり、すごく熱心に、そして爆発的にこの本を売りつづけてくださった書店員の方がいらっしゃったり、「おっしゃー、自分も何かをしてやるぞ」と思わずにはいられない一冊です。

お守り言葉
〇八

悩み期間は成長の時間。

空を見上げ、童謡を歌う

さて次は、エピソードを先に紹介したいと思います。

私も会社に入って、研究に没頭し始めたころ、「自分にはなぜこんなに次々と不幸が襲ってくるのだろう。自分の人生はどうなっていくのだろう」という思いにしばしば襲われたものです。(略)

星空のとき、月夜のとき、どんより曇ったとき、今にも小雨が降り出しそうな暗い夜でも、私は一人、空を見上げながら、静かに故郷をしのび、両親のこと、兄弟のことに思いを馳せながら、「故郷《ふるさと》」などの唱歌や童謡を歌っていました。

そんな私の姿を見て、寮の先輩たちがよく「また稲盛が泣いている」と噂をしていたそうです。

しかし、私はつらく苦しい自分の心を癒し、鼓舞していくことに、自分なりの方法で懸命に努めていたのです。

そして、歌い終わった後、寮に帰るときにはもう、私はつらさも孤独も感じていませんでした。明日への希望と勇気を抱いて、明るく朗《ほが》らかに寮に帰っていったことを今でも覚えています。唱歌や童謡が、私に勇気と力を与えてくれたのかもしれません。

(『働き方』稲盛和夫、三笠書房、P120)

稲盛和夫氏——いわずとしれた京セラ、KDDIの創業者であり、日本を代表する経営者です。二〇一〇年から日本航空(JAL)再建のため無償で会長を務め、「最後の大仕事」を見事に果たして退任されました。さて、そんな稲盛氏の無名時代のエピソードは、無条件に私たちを励ましてくれます。

実際、小川のほとりで歌っていた青年に、こんなふうに言われると、「そうだ、そうだ」とうなずくほかないですよね。

苦難がずっと続くことはありません。もちろん幸運のままであることもないでしょう。得意のときにはおごらず、失意のときにもくじけず、日々継続して懸命に働き続けることが何より大切です。(P121)

「日々継続して懸命に働き続ける」。当たり前のようにもとれる言葉ですし、よく聞く言葉でもありますが、稲盛さんの口から出ると、重みが全然ちがって聞こえます。それは、「懸命」が文字通りの意味だからでしょう。「命を懸け」て働きつづける、そうでないといけない。稲盛氏の明快な表現には、揺るぎのない信念が込められています。だから、自社においても「もうダメだと思ったときが仕事の始まり」という考え方が根づいているのでしょう。稲盛氏の意思が大きな組織にもしっかりと伝わっているのだと思います。

私たちも、その一部だけでもぜひ、身体化したいものです。

もうダメだと思ったときが仕事の始まり。

一体あなたは何を隠しているんですか？

こうやって、仕事の先輩のエピソードを知ると、あらゆる会社に、そしてあらゆる人の人生に、うまくいかない時期、スランプはやってくるのだとわかります。先輩もそのまた先輩もみんなが、「どうしたらいいのか？」「もうだめなのか？」という不安を乗り越えてきているのだと思います。

ここからは私たちのそんな不安の仕組みを解き明かしてくれる方々の登場です。

まずは、橋本治さん（『青空人生相談所』、ちくま文庫）。橋本さんはものすごく多才で、『源氏物語』『枕草子』などの現代語訳もされれば、編み物の本も出されたり、二〇世紀の一〇〇〇年を一年ごとに解説した本『二十世紀（上・下）』（ちくま文庫）を出されたり、小説も書かれたり、何がご専門かわからないほど多岐にわたる仕事をされています。

この本は、一〇代から五〇代までのさまざまな男女の悩みに、橋本さんが答える人生相談本なのですが、相談者の置かれている状況を、宇宙から俯瞰《ふかん》して見て、「本当の問題はココですよ」と教えてくれるような、不思議な一冊です。
まず、まえがきで、悩みというものに対して、「一体あなたは何を隠しているんですか？」ということを言います。

隠す、隠さなければならないものだと思いこむ――それがまず大体は悩みというものの第一歩で、それがあるからこそ、人間は自分の悩みを曖昧かつ複雑なものに変えてしまいます。確かに自分は何かを隠したけれども、何を隠したのか分からなくなってしまった、だから、自分の悩みを正確に描写することが出来ない――これが多分、〝どうして悩みというものはそうそうたやすく口にすることが出来ないのか〟ということの答だろうと、私は思います。（P9）

さすが橋本治先生。人が不安になるのは、必ずしも外的要因（お金がない、会社の雰囲気が悪い、とか）ばかりではないことを見事に言い当てています。まず、自分が「何かを隠す」。隠すと、「何を隠したのか分からなく」なる。結果、悩みも口にできない。なぜなら、「悩みを正確に描写することが出来ない」から。

逆に、その悩み自体に積極的に向かっていくことが悩みを解決するにはよい方法なのでしょう。


人間が悩みにぶち当たるということは、その局面で、実はその人間がまだ全然若かったのだということが明らかになる、ただそれだけのことです。（略）「あ、自分にもまだこんな、ドキドキするような若さが残ってた！」と思えるっていうのは、実はとっても幸福なことなんですけどね。（P12）

悩みがあるのは若いから。そして若いってことは幸福なこと。つまり、まだまだ「学び」の余地がある証拠。もちろん年齢は関係ありません。たしかに、橋本さんが言うように、自分がいま悩んでいると思っているものは、仮初《かりそめ》の悩みで、真の抱えている悩み、問題は別のところにあったりします。

たとえば、仕事のことで悩みがある、と思っている人。「それでいったい、何を悩んでいるの?」と訊くと、「う〜ん、う〜ん」と言うだけでよくわからない。こういうとき、本人もすっかり忘れているのですが、当初はたんに苛立《いらだ》つことが多かっただけ、ということがあります。同僚のちょっとしたひとことや、仕事でのミスなんかに苛立つ日々。そうして生じた苛立ちの積み重ねが、悩みに思えてきたわけです。

では、なぜ苛立つようになったか、というと……もともと、仕事上のことではなかったりします。実は、職場の人にも打ち明けることができずにいる「恋愛でのこと」が原因だったり。彼氏、彼女と別れた、ということから生じる不安や苛立ちが、いつしか、「仕事での悩み」に転嫁《てんか》された。こういうことって案外多いように思います。

まさに、若さゆえの早計というものですね。

悩みがあるのは若さゆえ、「学び」の余地がある証拠。

一〇

仕事は目的ではない

それでも悩みや不安は、くりかえしくりかえしやってきます。

哲学者の鷲田清一《わしだきよかず》先生は、不安そのものが、「働いていることの実感」なのだと語りかけてくれます（『だれのための仕事』講談社学術文庫）。

鷲田先生は哲学を専門に長年研究され、たくさんの著書を出されています。大阪大学の総長を務められたこともあり、わかりやすい言葉で哲学や仕事のこと、人生のことが語られる著書には、若い学生のファンも多いです。そんな鷲田先生が、仕事について、生きがいについて、まさに私たちがこの本で考えたいことを書いてくださっています。

とすれば、じぶんの「目的」ではなく「限界」にこそ向きあうことになるのが、仕事だということになる。（P171）

仕事は目的ではなく、限界に向き合うためにあるもの……。目からウロコが落ちた人も多いと思いますが、これはいったいどういう意味なのでしょう?

もっと器用であれば、もう一つ身体があればもっと効率的に仕事ができるのに……という身体的な条件でもいい。他人の力を借りないと何もできない……という社会的な条件でもいい。そういうひととしての「限界」をひしひしと感じながら、それでもひととしてしなければならないことをしているという感覚がもてたとき、わたしたちは働いているという実感に満たされることになるのだろう。(P171～172)

限界を感じるからこそ、働いている実感を得ることもできる。裏を返せば、仕事をしていて限界を感じないとき、その人は働いている実感に満たされることはない。だから、限界を感じても、悲観することはまったくないのです。

仕事をじぶんの可能性のほうからではなくじぶんの限界のほうから考えてみることは、仕事の意味をじぶんのほうからではなくその仕事がかかわる他人のほうからも考えてみることとともに、仕事について別のイメージを得るためにはたいせつなことである。（P172）

自分の可能性のほうからではなく、自分の限界のほうから仕事を考えること。仕事を通して、自分の輪郭を知る。そのように考えると、たとえば壁にぶつかっているときも、それこそが仕事で私たちが得ていきたいものであるのかな、と思えるかもしれません。

お守り言葉

二

限界をひしひしと感じながら、それでもひととしてしなければならないことをする。

自分の感情とうまくつきあう

この章の最後は、金井壽宏《としひろ》先生に締めてもらいましょう。

金井先生は、日本のモチベーション研究では第一人者の方で、先生のキャリアデザインという概念とモチベーションについての考え方は、いろいろなビジネスシーンで支えになっていることが多いです。金井先生ご自身、お会いすると勇気が湧いてくるような非常に元気な先生です。だからたくさんの人たちが慕《した》って、理論だけではなくて先生の人柄にも感化され、支持しているのではないかと思います。

その金井先生の本の中に『やる気！攻略本』（ミシマ社）という本があります。サブタイトルはとても長く、「自分と周りの「物語」を知り、モチベーションとうまくつきあう」、です。この本の中に、

「うわぁ……このあと、どうなっちゃうんやろ?」という不安が、当然、つきものではあ

るのですけれど、転機のときも、「不安と希望は、どちらかがあれば、どちらかもかならずともなうもの」とわかっていたら、必要以上に重圧に押しつぶされることもないまま、これこそ、生きている醍醐味《だいごみ》だ、と思って、自分の感情と、うまくつきあっていけるのではないでしょうか。（P47）

という言葉があるのですが、金井先生のモチベーション論では、「不安と希望はどちらも必ずある」ということがくりかえし主張されています。

「危機」という二字熟語は、「危」険と「機」会のどちらもがはいりこんでいるという絶妙の組み合わせです。つまり、「希望」「未来」への気持ちにあふれている人ほど、「絶望」「不安」も同時にかかえこむことになるんじゃないか、とも、いえるわけです。希望を強く持てば持つほど、不安もおおきくなるということを想像してもいいのかもしれません。

（P47〜48）

希望と不安は往復運動。

実際の経営学の理論でも、不安と希望はつねに隣り合わせで、不安だけがあったり、希望だけがあったり、ということはないんです、ということが明らかにされている——。そういうことをちょっと知っておくだけでも、目の前の不安や、自分だけが置いてきぼりになっている、という思いから解放されると思います。どんな人であっても、つねに希望と不安は往復運動なんですね。

たぶん二〇代だけで一〇〇回は読んだ

上阪徹

「嘘だろぉ〜！」。その瞬間、私は絶叫していた。時刻は真夜中。ロスタイムに同点に追いつかれてアメリカW杯出場を逃すというサッカー史に語り継がれる、あのドーハの悲劇を、私は川崎・二子《ふたこ》新地《しんち》にあるリクルートの寮の一室で、部屋を真っ暗にして一人小さなテレビで観ていた。焦点もうつろにうなだれる三浦カズさんの姿。それが、自分の姿に重なって見えた……。

一九九三年。私は当時二七歳だった。いいことは何ひとつなかった。希望もなかった。名誉も貯金もなかった。「もしかして四年後のW杯予選も、オレはこのクソ狭い寮の部屋で一人で観ているんじゃないか」と思うとゾッとした。三一歳となる四年後を想像するのが怖かったのを、今もリアルに覚えている。

新卒での就職活動に失敗、単なるサラリーマンで終わりたくない一心で、当時は今ほどメジャーではなかった転職に賭け、広告制作専門会社へ。今から思えば、鼻息ばかり荒かった。コピーライターとして実績を挙げるんだ、と気合いばかりが空回りしていた。猛烈に働いてはいたが、思うような実績は出せなかった。制作会社だったために裁量労働制がとられており、残業代がなく、手取り給料もまったく満足のいくものではなかった。私は半分クサっていた。

●**行きづまりに効く一冊**
『ノルウェイの森』（村上春樹、講談社文庫）

●**行きづまったときのおすすめ**
車の運転。

それでも私が半分しか堕《お》ちなかったのは、大学時代から、どういうわけだか幾度となくページをめくることになった、この本のおかげだったと思う。村上春樹『ノルウェイの森』。恋愛小説と思い込んでいる人は多いが、実は違う。この本は私にとって哲学書であり、人生の教科書だった。珠玉の言葉が、あちこちに散りばめられていた。

「自分に同情するな。それは下劣な人間のやることだ」

「必要なものは理想ではなく行動規範だ」

「人生はビスケットの缶だと思えばいいのよ」

「私たちがまともな点は、自分たちがまともじゃないってわかっていることよね」

苦しくなると私は、赤と緑のこの上下刊を開いてはむさぼるように読んだ。ハルキさんが紡ぐ隠れたメッセージを自分に刷り込ませた。たぶん二〇代だけで一〇〇回は読んだと思う。

おかげで、私は自分に決して同情しなかった。この翌年、私は二度目の転職に踏み切る。待っていたのは、わずか三カ月での倒産の憂き目だった。それでも、私は自分に同情しなかった。フリーランスになった。ハードワークだったリクルート時代の何倍も働こうと決めた。そして待っていたのは思いも寄らない、想像もつかない幸運な仕事に出会う日々だった。

今は思う。二〇代で苦労して良かった。あの会社員時代があったからこそ、今があるのだ、と。私の人生のビスケットの缶には、おいしいビスケットが残されていたのだ。

ビジネス雑誌から「ビジネスパーソンに読書のアドバイスを」と取材を受けると、いつも小説を取り上げる。優れた小説には、人生を豊かに生きるヒントがたくさん詰まっている。一流の作家の小説を読むときには、哲学を求めて読む。今もそれは習慣である。

●行きづまっている若者へ一言
人生はバランスする。凹みがでかいほど、凸みもでかい。二〇代は思いっきり苦しんだほうがいい。それが三〇代以降に生きる。

うえさか・とおる
一九六六年、兵庫県生まれ。八九年早稲田大学商学部卒業。リクルート・グループなどを経て、九五年よりフリーランスのライターとして活躍。経営、経済、就職などをテーマに、雑誌や書籍などで幅広く執筆やインタビューを手がけている。広範囲に及ぶ取材相手は、軽く三〇〇〇人を超える。著書に『リブセンス〈生きる意味〉』（日経BP社）、『書いて生きていく プロ文章論』（ミシマ社）、『六〇〇万人の女性に支持される「クックパッド」というビジネス』（角川SSC新書）など。インタビュー集に、累計四〇万部を突破した『プロ論。』シリーズ（徳間書店）などがある。

大人げない大人のまま、仕事を遊ぶ

田中大輔

私は真面目に考えるということが大の苦手である。声高に叫ぶことではないが、論理的に考えて物事を進めるのではなく、直感だけを頼りに生きている節がある。

高校の時に、好きなことしか勉強をしたくないなどと言いだし、大学受験をせずに、服飾の専門学校へ進学。ろくに就職活動もしなかったので、卒業後はフリーター生活を送っていた。このままではいけないと思い、転職を試みるも、ことごとく失敗。お金に困って、とりあえずはじめたのが、書店員のアルバイトだった。それから八年。こんなにも長く働くことになるとは思ってもいなかった。

そんな行き当たりばったりの人生を歩んできたが、それでも別にいいのかもしれないと自分を肯定してくれた本がいくつかある。まっさきに思い浮かぶのが成毛眞さんの『大人げない大人になれ!』だ。自分で言うのもなんだが、私はかなり大人げない人間である。やりたくないことは、極力やらないし、苦手なものは、放置するか、他の人に押しつけて、自分は得意なことだけしかやらないといった体たらくである。

この本を読んで上には上がいることを知った。成毛さんは日本マイクロソフトの元社長である。そこまで上り詰めた人が、努力と我慢は必要ないといっているのだ。成毛さん自身も我慢は大の苦手で、天性のあまのじゃくだという。一緒にするのはおこがましいが私と同じ

●行きづまりに効く一冊
『大人げない大人になれ!』（成毛眞、新潮文庫）

●行きづまったときのおすすめ
大好きな音楽を聞きながら散歩をする。美味しいものを食べる。

じゃないか。ならばこのままでいいんだ。そう思った私はいまや完全に成毛眞信者である。『本は10冊同時に読め！』を読み、本を併読するようになり、『日本人の9割に英語はいらない』を読み、英語の勉強を諦めた。そして『このムダな努力をやめなさい』を読んで、一層自分の苦手なことには手を出さないようにしようと心に誓ったのだった。

そして自分の好きなことばかりをやっていたら、成毛さん自身ともお会いすることができた。しかもそれがきっかけで、成毛さんが代表を務める書評サイトのHONZに参加することにもなった。人生とはほんとうにわからないものである。

もう一ついまのままでいいんだと思えた本がある。フランフランなどを運営するバルスの社長である高島郁夫さんの『遊ばない社員はいらない』だ。この本は同じ小売業界の話だったので、仕事の面でもいろいろと学ぶことが多かった。それ以上に、仕事と遊びを区別しないということに共感を覚えた。私は仕事を遊ぶというのをモットーにしている。不真面目だと思われても仕方ない。けれど仕事をしているというよりは毎日遊んでいる。そんな感覚で働いている。

さらにこの本にあった「なんのために働くかは考えなくていい。必死に働くことによって見えてくる。そして仕事が楽しくなってくる」という言葉が心の支えとなっている。目標を立てて、そこに向かって動くのではなく、目の前のことを愚直にやる。私にはそういうやり方しかできない。それが結果的に将来につながる。それでいいんだ。

大人げない大人のまま、仕事を遊ぶ。これが私の生きる道。

●**行きづまっている若者へ一言**
仕事を遊べ！

たなか・だいすけ
一九八〇年、千葉県生まれ。丸善・丸の内本店、ビジネス書売場の売場長補佐。文化服装学院を卒業後、ユニクロでアルバイトとして働く。転職を試みるも、ことごとく失敗。お金に困り、とりあえずではじめたアルバイトが気づけば天職に。日経MJで書評を、HONZでレビューを掲載中。

*

第三章　仕事をする体力——身体安全

どんな人にも、不安なときもあれば、元気なときもある。だから、ちょっとした不安に左右されない。そういうふうに、自分を客観的に見られるようになっていれば、これまでのお守りは十分に効いています。

第三章では、日々の基礎となる身体をどのようにつくっていけばよいかという視点から、「仕事をする体力」について考えていきます。生きていくにも体力がいりますが、仕事をしていくにも体力がいります。その根本を養うため、人類普遍的に大切な金言を、ぜひ身体に刻みこんでください。

これまでの「お守り言葉」で、そうとう「たくましさ」が身についたはずです。

「日々継続して懸命に働き続ける」。先にご紹介した稲盛和夫氏の言葉ですが、これを実現するためには、まずどうすべきか、という観点から本章を進めます。

「懸命」――命を懸けて。これを文字通り実行しようとすれば、第一に、命そのものを高めるほかありません。実は、当たり前のことですが、意外とこれは盲点です。

たとえば、こんな経験、誰しもあるのではないでしょうか？

――バイトであれ、社員であれ、新しく入った会社で意気揚々《いきようよう》と働きだして数カ月が経ったころ。重大なミスをやってしまい、反省しつつ、上司に強く誓いの言葉を述べる。

「ミスを取り戻すためにも、一生懸命がんばります」

そうしてがむしゃらに働くこと数日、周りからも「おお、よくがんばってるな」と声をかけられる。「あんまり無理すんなよ」。そう言ってくれる人もいたものの、耳に留めることなく、「懸命」に走りつづける。「一生懸命がんばります」。まるで、自らの宣言に呪縛《じゅばく》されたかのように。結果……一週間ももたずにダウン――

わかりきったことですが、案外、こうしたことをくりかえす人が多いように思います。

というのも、精神力だけで、「命」が支えられているわけではありません。身体抜きには、命を懸けることも不可能。ですから、懸命にがんばるためには、気力の充実とともに、身体の充実が不可欠なのです。

42・195キロを走るにはその体力が、フィギュアスケートのフリーを演じきるためにはその体力が、ある研究を成し遂げるためにはそれをやりつづける体力が、要ります。どんなに走りが速くとも、スケートが上手でも、知力が優れていても、それだけでは、何かをなすことはできないのです。

日々の仕事とて同じことでしょう。

一日の仕事をやりきる体力、プロジェクトを最後までやりきる体力、同僚と仲良くする体力……あらゆる局面において、体力が必要です。

そうした体力を、ここでは、「仕事をする体力」と呼びます。

この「仕事をする体力」を日々増強させていくことが、いろいろな可能性を広げていくことにもなるのです。

風邪は引こう⁉

「仕事をする体力」を増大させていくために、「風邪」「食」「心」という三つの視点から考えていきましょう。これらとのつきあい方を身につけることは、「仕事をする体力」を直接的に増すことになるはずです。

そこで、日本が誇る「身体の三達人」にご登場いただきます。

まずは、「風邪」から。

いきなりですが、風邪をよく引く人は、体力のない人なのでしょうか？

野口整体という整体の主流となるメソッドを確立し、著書『整体入門』でも有名な野口晴《はる》哉《ちか》先生は、風邪というものは必ずしも悪いものではないのですよ、ということをおっしゃっています（『風邪の効用』ちくま文庫）。

反対に、風邪を引いて上手に休養することで、蛇が脱皮するように、体力、気力がみなぎって、心身をリフレッシュすることができる。

そもそもなぜ人は風邪を引くのか？　ということについて、「風邪は経過するもの」と題されて、このように書かれています。

頭を使い過ぎて頭が疲れても風邪を引く。消化器に余分な負担をかけた後でも風邪を引く。腎臓のはたらきを余分にした後でも風邪を引く。とにかく体のどこかに偏り運動が行なわれ、働かせ過ぎた処ができると風邪を引く。だからお酒を飲み過ぎて絶えず肝臓を腫らしている人は肝臓系統の風邪を引く。ふだん余分に栄養物を摂って腎臓を腫らしている人は腎臓の系統の風邪を引く。しょっちゅう心配している人は神経系統の風邪を引く。（P26～27）

風邪は何かが偏《かたよ》ったときに「引く」。理由は、食べ過ぎ、飲み過ぎ、栄養過多、心配し過ぎ……とにかく、「過ぎ」ると風邪を引くのが人間というものなのでしょう。

そうやってそれぞれその人なりの風邪を引くと、その偏って疲れている処がまず弾力性を恢復してきて、風邪を経過した後は弾力のあるピッチリした体になる。（P27）

風邪はそういうわけで、敏感な人が早く風邪を引く。だから細かく風邪をチョクチョク引く方が体は丈夫です。だから私などはよく風邪を引きます。（P28）

な、なんと野口先生もよく風邪を引くと自らおっしゃっておられます。敏感な人ほど風邪を引き、そこで調整をするわけですね。そうすることで、「ダウン」したり、大病に罹《かか》らないようにしているわけです。

また野口先生は、風邪の引き方には心理的なことも影響しますよ、と書かれております。たとえば、新聞などに「風邪が流行りますよ」という記事が載ると、それを鵜呑《うの》みにし「風邪を引く」と思い込んでしまう。そうやって、心理的に風邪をつかまえてしまう人が増え、実際に風邪が流行ってしまうこともあるそうです。

そして、もし風邪を引いた場合は、そのままうまく風邪を経過させることを第一に考えることが大切だといいます。反対に、風邪を引いたとき、風邪に対して「闘おう」と思ったりすると、心理的な抵抗が心の中に生じ、かえって悪くなってしまうこともあるため、おとなしく寝るのが一番の休養方法だとも書かれています。

ところで、もし風邪を引いた場合にはどうすればいいのでしょう。野口先生がおすすめされる方法は実にユニークです。

風邪を引いた時に食物を少し減らすというのはごくよいことです。水分の多いものを食べ、刺戟性の食物を多くする。（略）生姜でも唐辛子でも胡椒でも何でも構わない、胃袋が冷汗をかくくらい突っ込んでもいい。その方が経過を早くします。（P65）

食べ物を少し減らす、水分の多いものを食べる、というのはわかります。が、刺激性のある食べ物を摂《と》るのがいい。生姜《しょうが》でも唐辛子《とうがらし》でも胡椒《こしょう》でも胃袋が冷汗をかくくらい摂取していいとは……。初耳の人もけっこう多いのではないでしょうか。

お守り言葉

一三

風邪は経過させるもの。

旬をいただき、身体が変わる

身体の達人たち二人目は辰巳芳子《たつみよしこ》先生（一九二四年生まれ）です。
辰巳先生は、お母様が家庭料理、家事の名手として今も語り継がれる、辰巳浜子先生という料理研究家で、そのあとを受けて同じ道を歩まれています。日本古来からの食文化を現代に伝えることを使命とされ、積極的に活動されています。

健康な身体。一般的に、健やかな身体を保つために旬のものを食べたほうがいいですよ、とはよく言われることです。辰巳先生も旬のものを食べる大切さについて、『味覚日乗』（ちくま文庫）というエッセイ集で書かれています。面白いのは、料理研究家である辰巳先生が、旬のものを食べることと「今の世のリーダー」たることとを結びつけて考えておられる点です。

ここで、辰巳先生が北海道を旅する途中、川のほとりでクレソンの群生地に出会われたときのエピソードをご紹介します。

「ここの雪が解けはじめた頃、クレソンを摘んでこんもりお浸しにして食べるんですよ。そうすると食べる前と食べた後では、ほとんど瞬間的に自分の体が、全く変わることがわかるんです」

私は、クレソンの清冽なぴりっとほろにがい葉を噛みながら、土地の方がおっしゃった――前と後では体が変わる――を、自分の体験と重ね深く納得したことでした。その地は冬場マイナス三〇℃、とはいえ当節のことですから、野菜が不足するわけではないでしょう。冬場の大根、人参、キャベツなどの味もさして落ちるわけでもありますまい。しかし

冬籠りの人間の体の生理は、人の意識を超えて、青々したクレソンの力を欲しているのだと思います。（P122）

クレソンを食べると、瞬間的に自分の体が変わる。人の意識を超えて、体が欲する。この感覚を、辰巳先生は、正月の七草粥《ななくさがゆ》を食べた経験と思い重ね、「自分の体と食物の呼応を実感」したと表現されています。

旬のもの、と私たちも何気なく使いますが、これほどの感覚をどれほどの人がもてているでしょう。

従来「旬」という言葉は、日本の食体系の表現の一つ。常食を美味しくいただくためには旬をふまえてという常識、又は美意識の範囲で大切にしていましたが、年齢と共に、自然と人間の共生共栄、四季の移り変りと人間の生理代謝のリズムは、寸分たがわず歩みを共にするという実感を持つようになりました。「旬」に感謝し、その恵みに積極的にあずかろう。共に歩めば生きやすく、逆らいがあればきっと支障をつくり出すと思うようにな

りました。（P123）

「健康のために、旬のものを食べましょう」。スーパーのそんな宣伝文句とは比べものにならない重さが、ここには宿っています。旬に感謝し、その恵みに積極的にあずかる。それは、本章の冒頭で触れた、生命力そのものを高めることに直結することでもあったのです。

旬を絵と文字でしか経験できぬ人、無関心な人々、これらの人々が失いつつあるものは、養われ損なった身体細胞のみでなく、人生航路を理屈を超えて楽しく、その人でなければはたせない使命をはたしながら生きてゆくアンテナ、触覚の未発育につながるのではないかと案ぜられてならぬのです。

「クレソンを食べると」を身にも心にも溜め込んでいる人間が、今の世のリーダーになれる資格だと思います。（P123）

いま私たちは、食物の旬に鈍感になりがちかもしれませんが、その時々の旬をいただくことによって、「人生航路を理屈を超えて楽しく、その人でなければはたせない使命をはたしながら生きていくアンテナ」を育てなければいけません。自然派雑誌を読んで、「絵と文字」で旬を経験するだけでは、アンテナは育たないのです。

もちろん、身近な旬の食物を食べることで、健康を保ちつつ、気分転換、心機一転をはかるという効用を得るだけでも、ずいぶんと生活にうるおいが出るはずです。

旬を摂り、全身でその旬を感じ、呼応する。生きていくうえで、必須の行いととらえていきたいですね。

お守り言葉

一四

生命の真理「旬」に感謝し、その恵みにあずかる。

病気から悟りへ

ラストは、中村天風《てんぷう》先生です。天風先生は、一八七六年生まれ。一九〇二年頃、参謀本部の諜報《ちょうほう》部員として旧満州に派遣され、三〇歳のときに肺結核を発病されます。この病に苦しめられ、救いを求めてアメリカ、ヨーロッパとめぐり、それでも回復せずに日本に帰る途中、インドでヨガの聖者カリアッパ師に出会い、そこで修行することとなります。

自分の病気との向き合い方、「病気」とは何なのか、「生きる」ことの本質とは……。そういった、ものごとのとらえ方を突きつめていきます。このときインドで悟《さと》られたことをもとに、その後、天風会という会をつくり、門人たちに指導を始めたのです。一九六八年に九二歳で亡くなりますが、あとをゆく数々の著名な方たちに影響を与えつづけられています（本書にも登場していただいている内田樹先生の師である多田宏先生も、天風先生の薫陶《くんとう》を受けておられます）。

ここでご紹介する『運命を拓く』（講談社文庫）は、病気で苦しんでいたときにヨガの先生から教わったことや、生命の力、人生を支配する力などについて語られている一冊です。

我々の生命の中にある肉体はもちろん、精神生命も、一切の広い意味における人生の事柄を、心の運用いかんによって、決定することが出来る、という真理を、私は悟り得たのである。（P42）

病に苦しまれ、なかなか治らなかったものが、その悟りを得たときから、医者の処置ではないところで治っていく、という絶対的な経験をされる。

そこから、この力強い思想が生まれてきているということがわかります。天風先生はこの本のなかで、そのことを「心一つの置きどころ」と言い、くりかえし語られます。

「人間の健康も、運命も、心一つの置きどころ」

心が積極的方向に動くのと、消極的方向に動くのとでは、天地の相違がある。ヨガ哲学ではこれを、「心の思考が人生を創る」という言葉で表現している。
（略）しかし、世の中を眺めてみると、物質文化の非常に進歩している現代、なんと病人や不運の人が多いことか。これはみな、心の置きどころが積極的か、消極的かということで、その肉体の生きる力の受け入れ態勢が左右されるということを知らないからである。
（P52〜53）

第一章の『思考は現実化する』とも共通するような言葉ですね。しかし、天風先生もかつては「自分は不運な人間」とばかり嘆いていたのです。そのインド時代のエピソードです。

私がインドに行った時は、まだ、熱が八度五分くらいあって、ときどき、喀血していた時代だった。毎朝毎朝、起きるのが物憂《ものう》い。ある朝、
「おはようございます」
とインドの先生に挨拶すると、
"Hello! Happiest you are in the world."「おお！　世界一の幸福者よ！」と言う。

私は腹が立ったので、

「あなたは、私を冷やかしているのですか」といった。すると、

「そうじゃない。俺は本当のことをいっているのだ。『頭が痛い、熱がある』といっても生きているじゃないか。まず第一に、生きていることを、なぜ感謝しないのだ。そんな酷《ひど》い病に罹《かか》っていても、生きているお恵みを考えてみなさい。そして生きていればこそ、こういうところへ来て、お前の心が、だんだん明るくなり、それにつれて、お前の活き方に対する、すべての欠点が解ってくるじゃないか。そうしてみると、たとえどんな病があろうと生きているということは何とありがたいことじゃないか」

といわれたとき、ああ本当にそうであったなあ、今までは、何と、罰当りな自分だったなあ、とつくづく思った。（P164〜165）

先に、水木しげるさんはまったく売れない時期も、「絶対に生かされる」という楽天的な信念をもっていたというエピソードを紹介しました。天風先生の場合はけっして最初から人生に対してポジティブだったのではなく、インドでの修行を経て、「心次第」という確信に

いたったわけです。水木さんの場合、天性の感覚としてそう思えたところが、天風先生の場合は、苦難の末にたどり着いた真理といえます。それだけに無視できない説得力がありま
す。

人間の健康も、運命も、心一つの置きどころ。

仕事をする体力、すなわち生命力を高めるための三つの視点を身につけたいま、ようやくスタートラインに立てた、といっていいのではないでしょうか。
次章、いよいよ「本番」で力を発揮するために、です。

難しく考えずに動け

小早川幸一郎

ここで紹介する『世に棲《す》む日日』という本は、私が出版社を起業するときに背中を押してくれた本です。

『坂の上の雲』や『竜馬がゆく』『翔ぶが如く』など、司馬遼太郎さんが書いた幕末・明治の変革期の青春の群像を描いた歴史小説はすべて好きですが、そのなかでも『世に棲む日日』が私の一番の愛読書です。

この本は、一八五三年にペリーの率いる黒船が来航してから、倒幕へと至る原動力となった長州藩の若き志士たちの物語です。若き志士たちの思想的原点に立ったのがこの物語の主人公である吉田松陰で、松陰の死後、その思想を受け継ぎ明治維新の先鞭をつけたのが、もう一人の主人公である高杉晋作です。

私がとても刺激を受けたのは、吉田松陰と高杉晋作が活躍した当時の年齢が二〇代であり、そして三〇歳を迎えることなくこの世から風のように去っていったということです。身分や格式を重んじる当時の様々な逆境のなかで、二〇代の若者たちが日本の歴史を動かしていった勢いを小説を通して感じることができます。吉田松陰と高杉晋作の思想と行動は、結果として日本を変えるきっかけになりましたが、彼らには日本を変えようという大きな絵図はなかったと思います。自分が思うことに本能のまま突き進んでいった結果が、日本を変え

●行きづまりに効く一冊
『世に棲む日日』（司馬遼太郎、文春文庫）

●行きづまったときのおすすめ
何も考えずジムやスポーツで体を動かし、そしてたくさん寝ること。

ることとなったのかもしれません。

この本では、とにかく動きまわることが自分やまわりの人、そして世の中を変えていくということを教えてくれます。頭が良い人ほど、物事を合理的に考えてしまいます。しかし、合理的に考えたことが必ずしも正しく、良い方向に運ぶわけではありません。また、合理的に考えられただけのことが、自分を動かし、人を動かすということは少ないと思います。行きづまったときには、考えに考え抜き、そして自分にとって無茶と思われるぐらいのことにチャレンジしなければなりません。そんなときに、この本の登場人物の境遇に比べたら自分の状況はまったく大したことはないと、本を紐解《ひもと》くたびに思います。

私が行っている出版業は、ハイリスク・ハイリターンのビジネスです。当時二九歳の私がこのようなビジネスを始めることに、多くの先輩たちが心配をしてくれました。今考えると、事業がうまくいく可能性は低かったかもしれません。ただ、ここで一歩踏み出さないでいいのか、そしてここで一歩踏み出さなければ一生後悔するぞと自問自答しました。そんなときに、この『世に棲む日日』という本にはとても勇気づけられました。

吉田松陰と高杉晋作の二人は甘い考えとも言えるぐらいの素早い決断をしますが、一度こうと決めたら甘いやり方は一切しません。行きづまったときは、そんなに難しく考えずに動け、そして、やるとなったら一生懸命に臨まなければ絶対うまくいかないということでしょう。

この本は行きづまったとき、やる気と勇気をくれる本です。歴史好きではなくても、楽しく読めます。主人公たちのように、人生熱く生きないともったいないと思わせる本です。

●行きづまっている若者へ一言
目の前のことに一生懸命に取り組むこと。合理的な考えを捨ててみること。

こばやかわ・こういちろう
一九七五年、千葉県生まれ。ビジネス書出版社を経て、二九歳で株式会社クロスメディア・パブリッシングを設立。現在、ビジネスをテーマとした書籍、電子書籍の出版、Webサービスを展開中。

どこかの誰かの大切な本は、どこかの本屋で買われたものかもしれない

關根志芳子

恥ずかしながら、私の場合は今がまさに「行きづまり」の真っ最中です。二〇一二年四月に四年半勤めた新宿店（同年三月閉店）から渋谷店へ異動してから、ずっと行きづまっています。

本屋のしかもチェーン店というのは、どこの店舗も一見、そう大差なく見えるかもしれませんが、実は、これが随分と違うものです。その違いがどこから来るのかというのは、究極的には「担当者が違うから」その一点に尽きます（特に弊社の場合に於いては、ですが）。定番書以外に、立地や客層に合わせた商品、それらの分類・展開方法など、つまりは担当者の考えが合わさって、その店舗独自の品揃えや味になっていきます。

渋谷店は二〇一〇年の九月にオープンした、まだまだ成長過程の店舗です。前任の担当者とバトンタッチのような格好で、上司と二人で渋谷店に異動した私は、それまで新宿店しか経験がなかったこともあり、店舗独自の個性の違いに戸惑いの連続でした。さらには開店から一年半、一度大きく手直しをしなければいけない時期がきていました。

それはまるで、巨人（棚全体）の整体師にでもなったような気持ちです。身体（棚）全体の流れを見て手を加えていきます。凝《こ》りをほぐし、骨格がずれていれば骨格を矯正します。巡りの悪いところは、要らない本を返品して、核となる本を足して巡りを促します。

●行きづまりに効く一冊

『黄色い本』（高野文子、講談社）

●行きづまったときのおすすめ

人と会って話をするのが一番のクスリだと思っていますが、人に会うのも辛い時は、煮込み料理をすると何かが抜ける気がします。

少し経って眺めれば、良かれと思った手直しが間違っていたことがわかったり、それはどの方向へ向かっても、行きづまりの連続です。思うように作業は進まないし、終わりも当然ありません。何より、自分の知識量のなさを、底を、思い知らされるのは、勉強不足が招くこととはいえ、なかなか辛い作業です。

それでも、少しずつ変わっていく様子には心が浮き立ちます。イキイキと呼吸するような棚を目指して、同僚、敬愛する先輩、出版社の方に助けてもらいながら、せっせせっせと手を動かします。

そんな中、読んでいるのは、心をほぐしてもらえるような一冊、『黄色い本』です。

お父さんが、図書館から借りている『チボー家の人々』を読んでいる実《み》ッコに言います。「その本買うか?」「読み終わったからいいよ」と実ッコは答えます。「好きな本を一生持ってるのもいいもんだと俺《おら》は思うがな」とさらに、朗らかにお父さんは答えます。

どこかの誰かの大切な本は、どこかの本屋で買われたものかもしれない。その連想は、心のすり減る毎日に希望を与えてくれます。私はその一端を担う仕事をしているんだと、誇らしい気持ちになるのです。

●行きづまっている若者へ一言

本屋の中をぐるりとしてみてください。目眩を起こすような自分の知らない世界の連続にきっと、自らの広がりを感じられると思います。

せきね・しほこ

一九八三年、神奈川県生まれ。書店員。書店員アルバイト、事務職を経て、ジュンク堂書店新宿店入社。現在は、MARUZEN&ジュンク堂書店渋谷店にて社会科学書を担当。

第四章　本番で力を発揮する——集中と脱力

心と体が元気になったところで、いよいよ本番。

本番とは、スポーツ選手における実戦のことです。野球選手でいえば、打者やピッチャーが「一球」に対し集中すべき場面です。働くすべての人が、同じような場面を日々、経験していることと思います。

「この商談はなんとしても決めないといけない」

「締め切りまで一日をきった」

来る日も来る日も、限られた時間のなかで質の高い仕事が求められる。裏を返せば、本番しかない……。これが、現代のハードなビジネスシーンの実態でしょう。

では、そういう日々の本番で、集中力をどう高めればいいのか。また、その集中力はどうすれば持続できるのか。

まずは、「整える」ところから始めてみるのがいいのでは？　という提案から本章を始めます。

片づけ、掃除の思わぬ力

整える、と聞いてまっさきに、この方を思いついた人も多いのではないでしょうか。そう、『人生がときめく片づけの魔法』（サンマーク出版）で一躍有名人になった「片づけコンサルタント」近藤麻里恵さんです。

近藤さんは、これまで個人レッスンを通じて、一〇〇万個以上のモノを「生徒さん」に捨ててもらった実績を持っているそうです。ちなみに、幼稚園の頃から主婦雑誌を愛読し、掃除、片づけ、料理、裁縫などの家事をこよなく愛する子ども時代をおくられたとのこと。そんな彼女が片づけに開眼したのは、中学生のとき、ベストセラー『「捨てる！」技術』を読んだのがきっかけでした。以来、片づけ研究を本格的に開始し、大学二年のとき、コンサルタント業務を開始されました。

そして今では、すっかり日本を代表する「片づけ」のプロに。実際に生徒さん宅を訪問し、片づける方法を指導されています。

さて、ここで質問です。片づけには、いかなる効用があるか。
こんまりさんは、言います。

片づけを真剣にしていると、瞑想状態とはいかないまでも、自分と静かに向き合う感覚になっていくことがあります。自分の持ちモノに対して、一つひとつときめくか、どう感じるか、ていねいに向き合っていく作業は、まさにモノを通しての自分との対話だからです。（P83）

たしかに。片づけや拭き掃除を長時間していると、気づけば、「無の境地でやっていた」と思うことってないでしょうか。そのとき、普段は意識することのない、自分の奥底に眠る自分と対話をしていた、という感覚もあるはずです。こんまりさんの言うとおり、「まさにモノを通しての自分との対話」が生まれます。
そう考えると、「机の乱れは心の乱れ」にほかなりません。かく言うミシマ社も、典型的な出版社像とたがわず、机の上はごちゃごちゃになりがちです。こんまりさんのお言葉、ひたすら耳が痛いのですが、これを機に、片づけのできる会社になろうと思います。こんまりさんも、やるのは「今」ですよ、と言っているわけですから。


モノを通して「過去に対する執着」と「未来に対する不安」に向き合うと、今自分にとって本当に大切なモノが見えるようになります。すると、自分の価値観がクリアになり、その後の人生の選択に迷いが少なくなるのです。

迷いなく自分が選択したことに情熱を注ぐことができれば、より大きなことを成し遂げられるはず。

つまり、モノと向き合いはじめるのは早ければ早いほどいい。片づけを始めるなら、まさに今なのです。（P241）

実は同じようなことを内田樹先生からうかがったことがあります。

内田樹先生が主宰する道場「凱風館《がいふうかん》」で、三島が合気道のお稽古をしていたある日のこと。内田先生が突然、「掃除の大切さ」について発言されました。

「道場が汚れてるとね、怪我しやすいんです。自分では全然意識していないけれど、足の裏が、つい、畳の埃《ほこり》に触れるのを避けたり、踏み込みが甘くなったり、ということが起こるんです。無意識のうちに。逆に、道場の隅々まで掃除がいきわたってると、身体の細かい感覚が作動しだし、動きの精度があがるんです」

ざっくりとですが、このようなことをおっしゃいました。それを聞いたとき、「会社も同じにちがいない」と思いました。とりわけ、東京・自由が丘にあるミシマ社のオフィスは、全室が畳なので、靴を脱いで仕事をします。そうすると、当然、足裏が畳につきます。通常、オフィスビルでは、靴を履いているのでゴミも靴裏につき、足裏が汚れることはありません。が、畳部屋ですと、靴下を履いていたとしても、足裏と地面との距離がきわめて近い。その分、足裏で感じる「情報」は多くなります。ですから足裏の感覚が鈍れば、当然、全身の感覚も鈍ります。足裏には五臓六腑はもちろん身体のすべてのツボがあるのは周知のとおり。それだけに、足裏が原因で出版活動までも鈍ってしまいかねない。そう思い、掃除は日々、雑巾がけからやるよう心掛けています。ただし、代表の机の上はあいかわらず乱れたまま……言い訳無用、ひたすら反省です。

いずれにせよ、片づけ、掃除が集中力アップの第一歩であることは間違いありません。

お守り言葉

一六

片づけをすると、本当に大切なものが見えてくる。

事前準備を怠るなかれ

掃除の次は、事前準備の大切さについて。

いわずもがなですが、将棋は、長時間にわたって多大な集中力を要します。

ここでは、伝説の棋士・大山康晴さんを紹介します。集中の大達人と呼ぶにふさわしい方です（『勝負のこころ』ＰＨＰ研究所）。

大山さんは、一九二三年岡山県生まれ（一九九二年没）。幼少の頃から将棋に親しまれ、五大タイトルを独り占めして五冠王となり、名人位も一八年守りつづけたという伝説の棋士。ただその後、一挙に無冠の人となったこともあります。そのときは「五〇歳の新人として再出発を誓った」。結果、優勝一一〇回という大記録も打ち立てることになります。

その大山さんは、実際の本番までに進行する「気づかぬ形の勝負」を指摘します。


長く勝負にたずさわっていると、微妙なところで勘が働く。（略）家を出て対局場に着き、一夜をすごして盤の前に坐るまでには、人それぞれに、さまざまな行動がある。その動きのなかに、私たちが気づかぬ形で勝負が進行している。言葉では表現できないが、長年の経験から目に見えない勝負の進行を感じとることができるような気がする。

だから、朝起きて身支度を整えて盤の前に坐ったとき、もう勝負はついている。勝つときは、そういうムードになっているし、負けるときは負けるムードになっている。（Ｐ

145）

「勝負は、日常心にある」とも大山さんは言います。「ふだんのトレーニングを怠って、いざ勝負の場に臨んで力を出そうとしても成功するものではない」「小さなことの積み重ねが、その人の実力となってあらわれる」。こうした言葉に見られるように、本番前の準備が勝負を決めるという確信が大山さんにはあったのでしょう。

そんな大山さんが、コンディション作りについて、こう述べています。

コンディション作りの方法として、私は日常生活で、きょうの仕事は、きょう中に片づけることをモットーとしている。（P241）

大山さんは、少年時代、木見《きみ》金治郎先生のもとで内弟子をしていました。そのときの経験が、「きょうの仕事は、きょう中に片づける」といった習慣にも大いに役立ったと回顧されています。考えてみれば当然ですよね。お師匠のもとで、犬の散歩は明日、掃除はまた今度、ということは許されるわけもありません。それらを時間内にすべて終えてからでないと、自分の将棋の勉強時間もつくれないわけですから。そうした経験が、「何事であれ、そのときそのときに決着をつけておかないと、大局に臨んで気持ちの統一ができない」という大山棋士の勝負心を形成していったのだと思います。

時代は変わったとはいえ、大山さんの言葉の大半は私たちも実践できるはずです。ふだんから準備を怠らない。しっかりと準備をする。集中力は、なにもそのとき突然出せるものではないのです。

お守り言葉

一七

勝負は始まる前に決まる。

日本人ならできるはず!

集中と脱力——。単語だけを並べてみると、その両立はいかにも難しいようにも思いますが、そんなことはありません。むしろ、本来私たち日本人がもっとも得意なものともいえます。そうです、武道です。武道には、西洋の学問やスポーツにはない、高度な身体作法、所作、哲学が数多《あまた》含まれています。そのことを、外国人の方から逆に教えてもらうことがよくありますが、その代表的著作『日本の弓術』(オイゲン・ヘリゲル著、柴田治三郎訳、岩波文庫)をご存じでしょうか?

著者はドイツ人の哲学者です。一九二四年から五年間日本に滞在し、日本的精神を学ぶために、弓術を学ぶことになります。西洋的価値観で生きてきたオイゲン・ヘリゲルさんの師匠となったのは、弓術の大家で、一八八〇年生まれの阿波研造という方です。二〇歳ぐらいからずっと武術を練磨されて、弓以外にも剣、柔道、居合、抜刀術、薙刀《なぎなた》などの指導研修をされていました。

ヘリゲルさんと出会われた頃は、もう完全に超越的な境地にいました。当然、ヘリゲルさんには、師匠の言うことがまったくわかりません。たとえば、師匠は「考えてはいけない」「無心になれ」ということを言います。が、ヘリゲルさんは「無心にならないようにしよう」といろいろ考えてしまうんですね。

そこで師匠が、

「あなたがそんな立派な意志をもっていることが、かえってあなたの第一の誤りになっている。あなたは頃合よしと感じるかあるいは考える時に、矢を射放とうと思う。あなたは意志をもって右手を開く。つまりその際あなたは意識的である。あなたは無心になることを、矢がひとりでに離れるまで待っていることを、学ばなければならない」（P32〜33）

と言います。それに対して、ヘリゲルさんは、

「しかしそれを待っていると、いつまで経っても矢は放たれません。私は弓を力の続くあいだ張っています。そうしてしまいには、まったく意識的に矢を放してやらなければ、張った弓に両腕を引き寄せられて、矢はまったく放たれるに至りません」（P33）

と、ある種まっとうなことを言うわけです。ところが、師匠は、

「待たなければならないと言ったのは、なるほど誤解を招く言い方であった。本当を言えば、あなたは全然なにごとをも、待っても考えても感じても欲してもいけないのである。術のない術とは、完全に無我となり、我《われ》を没することである。あなたがまったく無になる、ということが、ひとりでに起これば、その時あなたは正しい射方ができるようになる」（P33〜34）

と答えられます。それでも納得のいかないヘリゲルさんは、「無になってしまわなければならないと言われるが、それではだれが射るのですか」とたずねるんです。そうすると師匠

は言います。

「あなたの代りにだれが射るかが分かるようになったなら、あなたにはもう師匠が要らなくなる。経験してからでなければ理解のできないことを、言葉でどのように説明すべきであろうか。仏陀《ぶつだ》が射るのだと言おうか。この場合、どんな知識や口真似も、あなたにとって何の役に立とう。それよりむしろ精神を集中して、自分をまず外から内へ向け、その内をも次第に視野から失うことをお習いなさい」（P34）

これぞ、集中と脱力の極意です。集中と脱力、その「両方が一緒にある状態になれ」というわけです。そうすれば、いつか「仏陀が射る」ようになると。

実際、ヘリゲルさんは、弓を射ることは短期間でできるようになっていました。しかし、的を射ることそれ自体が目的になってしまっていた。私たちの仕事で言い換えれば、お金を稼ぐことが目的化してしまったようなものです。お金を得ることはできても、それによってまわりはおろか自分自身も幸福を感じていない。当然のことです。文字通りそれは、「無理矢理」なわけですから。

ヘリゲルさんは、「暗闇で矢を射る」よう師に言われたときに、そのことに気づきます。自分のやり方ではけっして暗闇で的を射ることはできない。しかし、集中と脱力が一緒にある状態で射ることができれば、それは可能になる。

師匠は、その状態になるための具体的な方法として、

弓を射る前の一時間はできるだけ静かにしていて心を凝《こ》らし、正しい呼吸によって心中を平かにし、外部のあらゆる影響から次第に身を鎖《とざ》して行き、さてそれから冷静に弓を引き、その他はすべて成るがままにまかせておく。（P35）

と教えます。その後、稽古を始めて五年、ヘリゲルさんは師匠から達人の域に達したと認めてもらいます。

この本は、私たちにいくつもの大切なことを教えてくれます。そのうちのひとつは、誰し

も、「集中と脱力を一緒にやる」域にいくことができるということです。ただし、そこにいたるには、それればかりを行う修練期間を要し、それはときに長期にわたる。そして、最大のポイントは、「的を射ることが重要」といった間違った目的を掲げて修練をどれほど積んでも、しかたがない、ということです。

武道はもちろんのこと、仕事も、受験勉強とはまったく違います。つまり、正解はありません。あるのは、「正しいやり方」のほうです。

ですから、どれほど結果が出ても、正しいやり方を身につけようとしていなければ、その結果はつねに一時的なものにすぎない。そして、その人は、どれほど技術的に進歩しようとも、いつまでたっても同じ場所にいつづけることになります。

成熟なき進歩。そこにとどまるかぎり、「仕事のお守り」は、その力を発揮してくれないでしょう。

お守り言葉

一八

無我になったとき、正しい射方ができる。

救世主はたいてい想定外のところからやってくる

嶋浩一郎

毎日、行きづまっています！　迫ってくるプレゼン、ブレスト、編集者さんからの原稿の催促……。得意先の課題を解決する広告キャンペーンのプランニング、デジタルコンテンツの開発、雑誌の編集、書店の経営……、マルチタスクで複数のジョブが進行する日々。いくつもの締め切りを抱えて、僕は毎日行きづまっています！

その状況を突破するには、とにかく考えに考え抜いてなんらかの判断をしなければならないわけですが、僕の経験から言えることは、煮詰まった企画作業の救世主はたいてい想定外のところからやってくるということ。

たとえば、本の販売促進の企画を立てているとき、もちろん出版市場のデータや書店流通に関する資料や記事を徹底的に読み込みます。出版市場の現状を知らずして本を売る企画は立てられないのはいうまでもありません。過去のベストセラーの事例なども徹底的に洗い出します。

でも、意外にも本を売る最後のアイデアは本とは全く関係ない、関係ないどころか世の中的にみたら本と対極に位置する携帯電話の販売店のプロモーションや、ファストフード店のプロモーションからヒントを得たりするものなのです。

企画とは突然「無」の空間に何かが生まれるわけではなく、様々な情報を自分なりに組み

●行きづまりに効く一冊

『アシモフの雑学コレクション』（アイザック・アシモフ著、星新一訳、新潮文庫）

●行きづまったときのおすすめ

風呂に入る。ほとんどのアイデアはお風呂で思い浮かびました。

合わせて完成させていく作業です。で、このとき、変化球的な異分子が意外にも大活躍するんです。

ですから、ブレストで煮詰まったとき、何時間もブレストを続ける人もいるのですが、僕はそこに答えがないとわかったらすぐに解散。数時間後に再び集合する指示を出します。何時間も会議室に閉じ込められるより、情報をシャワーのように浴びる外界にいったん戻った方が解決策を発見しやすいと思うからです。人間観察をしてみたり、本屋にぶらりと入って書棚を眺めてみたり。そんな風景の中に案外自分の宿題を解くためのヒントが落ちていたりするものです。

僕は注意散漫でいろんなモノに目がいってしまう、気になってしまう、おちつきのない人の方が企画作業に向いているんじゃないかと思うのです。想定外の情報の組み合わせが企画をジャンプさせるからです。

SF作品で知られるアシモフ。彼もきっといろんなことが気になってしまうタイプの人だったのでしょうね。『アシモフの雑学コレクション』という本を残しています。SFのショートショートで有名な星新一さんが翻訳しています。旧約聖書の話、独裁者の話、経済の話からラッコの生態までまさに何の役にたつのかさっぱりわからない情報がてんこ盛りです。

ひたすら穴を掘り下げて、煮詰まって行きづまったとき、あえて想定外の情報の海に飛び込んでみましょう。もしかしたら、アシモフが教えてくれる化石の雑学にヒントがあるかもしれません。自分に異分子をインストールしたいとき、おすすめの一冊です。

●**行きづまっている若者へ一言**
想定外の異分子を見つけに本屋にぶらりと立ち寄ってみるのはいかがでしょう。

しま・こういちろう
一九六八年生まれ。博報堂ケトル代表・編集者・クリエイティブディレクター。上智大学法学部卒業。九三年博報堂入社、〇二〜〇五年博報堂刊『広告』編集長。〇四年「本屋大賞」の設立に関わる。現在NPO法人本屋大賞実行委員会理事。〇六年既存の広告手法にとらわれない課題解決を目指し、博報堂ケトルを設立。社長島耕作就任キャンペーン、伊藤忠商事「MOTTAINAI」、ベネッセコーポレーション等の広告キャンペーンを担当。コンテンツビジネスにも力をいれ、食材カルチャー誌『旬』がまるごと』をプロデュース。カルチャー誌『ケトル』編集長もつとめる。

自分も「社会を変えて」いるのではないか

鈴木宏昭

二〇〇七年、社会人そして書店員として二年目の二四歳の頃です。

本というものはその装丁、タイトル、価格など全てが全国一律です。お客様にとってはどこの書店で買おうが変わらないということになります。そして私たち書店員の仕事は、ざっくりと言ってしまうと「その入荷してきた全国一律の本を店頭に並べて販売する」ことです。

私のやっている仕事は果たして私でなければできない仕事なのか……。

書店員という仕事を一年間やってきて、今まで目の前のことに対してガムシャラにやってきた日々から一段落つき、やっと周りが見えてきたということもあるのでしょう。そんなことを感じるようになっていったのです。

そんな時に出会った本が『「社会を変える」を仕事にする』です。本書は病児保育をサポートしている認定NPO法人フローレンスの代表理事である駒崎弘樹さんが書かれたものです。

この本の出版社が当時勤務していた店の近くにあったという縁で駒崎さんご本人にお会いできる機会に恵まれました。駒崎さんはとても謙虚な姿勢とは裏腹に、初めて会う私でも「この人バイタリティありそうだな」と感じるイキイキとした表情が印象的でした。その表情に惹かれ、本書を手にとってみたのです。

●行きづまりに効く一冊
『「社会を変える」を仕事にする』
（駒崎弘樹、英治出版）

●行きづまったときのおすすめ
自分が「こいつ輝いているな」と思っている人と飲む。

本書に出てくる駒崎さんはとてつもない力で社会問題をバッタバッタと解決するスーパーヒーローではありませんでした。「自分は一体何がしたいのか」「いいことしたいけど、それって食えるの?」とか悶々《もんもん》と思い悩む姿は当時の自分と重なりぐいぐいと惹き込まれました。

思い悩んだ末の駒崎さんのその後のご活躍は本書を読んでいただくとして、駒崎さんの「社会を変えたい」という想い、そしてそれはなにも特別な人たちだけの仕事ではないというメッセージは私の心に強烈に響きました。

私はその時まで「店」が私の世界の全てであり「社会」というものを意識して働いてはいませんでした。「店」の外で起こることは自分の仕事とは関係がないと。本書はそんな私の意識を気持ち良いほどに打ち砕いてくれました。

駒崎さんのような「社会を変えたい」という熱い想いが込められた本を売るということはとても意味のあることなのではないか。間接的にではあるけれど自分も「社会を変えて」いるのではないか。そんなふうに思えるようになったのです。

もちろん自分の好き嫌いだけで本を販売することなどできませんし、本は全国どこで買っても同じなのは変わらない事実です。ですが、こういった本がより多くの方に届いてほしいと売り方に想いを込めることはできます。そしてそういった売り場に込める想いの強さが、全国にひとつしかない書店をつくるのだと信じられるようになった気がします。

私のお薦めした本を読んだ人がいつかノーベル賞をとったり、オリンピックでメダルをとったりするかもしれない。本屋って素敵な商売じゃないですか。

●行きづまっている若者へ一言

行きづまったと感じるのは一生懸命やっている証拠だと思います。

すずき・ひろあき

一九八三年、横浜市生まれ。書店員。主にビジネス書を担当。二〇〇六年に有隣堂入社。横浜駅西口店、恵比寿店、AKIBA店と店を異動し、二〇一二年九月より目黒店に勤務。

*

第五章　伝える、受けとる——メディア力

前章では、本番で力を発揮するための心身の集中と脱力の大切さを学びました。ここから学ぶのは、実際、本番の場面において、どう他者に伝え共有するか、です。そこに目を向けないと、あらゆることが自己完結で終わってしまいます。意志が相手に伝わって、はじめて一緒に仕事ができるわけで、ここからご紹介する言葉はより実践的なもの、という位置づけです。

どの仕事でも必要なものとして、メディアという概念をここでは使っていきます。世間で言われていることと少し違うかもしれませんが、「これが本当のメディア力である」という信念をもって、ご紹介します。ぜひ身につけていただきたいです。

ほんとうのメディア力

前章の最後に、仕事には正解はない、あるのは、正しいやり方だけである、ということを述べました。もしかすると、自己啓発書で言われていることと違うよ、と思われた方もいるかもしれません。たしかに、「とにかく結果が出る一〇の法則」なんてタイトルで言っていることとは真逆です。

本章は、「伝える、受けとる――メディア力」とありますが、ここでもまた正反対のことを述べることになるかもしれません。というのも、「なんでも伝えりゃいい」ってことではないということを、大前提としたいのです。つまり、「伝える」ことそれ自体、「受けとる」ことそれ自体が目標ではないのです。

重要なのは、何を「受けとる」か、何を「伝える」か。どう「受けとる」か、どう「伝える」か、のほう。

そして、その「何を」「どう」のほうの力を、「メディア力」と呼びたいと思います。

けっして、ごり押ししてでも何かを伝えることのできる力を指すわけではありません。

これは、少し考えてみればわかることです。

メディアという単語のもともとの意味はなんでしょうか？

media——は、mediumの複数形で、原義は「媒介」ですよね。あくまで「媒介」です。「発信」ではありません。

これは、案外多くの人が勘違いしていることでもあります。

この数年、私たちも大学やイベントなどで、「編集」や「出版」というお題の授業を担当することが増えました。そこで学生さんたちに毎回、「メディアってなんでしょう？」と訊くようにしています。すると、十中八、九で、「情報発信です！」と元気のいい返事がきます。ある意味、期待どおりに。そのたび、「そうではないんです。メディアは媒介です」と、先の話をすることになります。

ツイッターやブログなど発信ツールが多様化し、いまや、誰もが「情報発信」できる時代。そうした時代を背景に、「自分メディア」という言葉が盛んに使われるようになりました。その詳しい中身について触れるのは本筋から外れるので控えますが、「自分の発信力を高めていきましょう、〈メディア力〉を高めましょう」という空気感が強まったのは間違いないように感じています。

ですが、この〈メディア力〉は本来的なメディア力ではありません。

ちなみに、私たちミシマ社も出版社というひとつのメディアです。二〇〇六年の創業以来、「原点回帰の出版社」を標榜し活動しておりますが、「原点回帰」にこめた想いのひとつに、「本来的なメディア」でありたい、ということがあります。それは、売れることそのこと自体を目標にするのではなく、「媒介者」として自分たちが受けとった「面白い」を一人でも多くの方々へお届けすること。「面白い」の種とそれを「面白い」と感じる読者との「媒介」として、その両者の行き来、流れをよくする。それが、本来的なメディアの役目だと思っています。

そういう本来的なメディア力や、メディアと言われる職業の人だけが身につければよかったメディア的感性は、たしかに、多くの職種の現場で求められるようになっているのでしょう。それは、またまたくりかえしますが、発信する力、ではありません。どれだけやわらかに受け止め、気持ちよく届ける（伝える）ことができるか、です。

本章では、私たちが日々「入魂」しているメディアという役割の本質を共有できればと思います。

「思っていることを伝えられない」という人へ

さて、仕事にかぎらず、本当に思っていることを伝えるのって、難しいものです。自分で自分のことを「話し下手だ」と思っている人はけっこう多いのではないでしょうか。

まずはじめに、「本当に思っていることを伝えられない」という悩みに、村上春樹さんが答えている文章をご紹介します。

『「ひとつ、村上さんでやってみるか」と世間の人々が村上春樹にとりあえずぶっつける490の質問に果たして村上さんはちゃんと答えられるのか？』（村上春樹、朝日新聞社）は、二〇〇六年三月八日から六月八日までのあいだに、期間限定で開設されたホームページに読者の人たちが寄せた大量の質問メールから、村上さんが四九〇を選び、答えた内容が収録されています。

歯医者での治療中にどんな音楽をBGMにかけてほしいか？　電車に乗りますか？　などなど、ものすごく幅の広い質問に答えられているのですが、そのなかに先述の、「本当に思っていることを伝えられない」、何かアドバイスをお願いしたい、という女性からのメールがあります。この女性は、初対面の人と話したり当たり障《さわ》りのない会話をするのは特に苦にならないが、それ以上に人と親しくなるのには時間がかかり、なかなか本当に自分が思っていることを相手に伝えることができないと言います。以下は、そのお悩みへの村上さんの答えです。

僕はあなたとは逆です。僕は初対面の人とはまったくうまくやれません。表面上の会話もうまくできません。でも深くつき合える人とは、とても深く話をすることができます。それが人間というものの本来の生き方だと、僕は考えています。（略）

自分のことを、ただ時間を通過させているだけの、流動的な存在なのだとお考えになればいいと思います。自分自身なんて、それ自体ではそんなたいした存在ではないのです。他人の色を受け入れて、初めて自分という価値があらわれてくるのです。そう考えると、肩の力が抜けます。肩の力が抜ければ、いろんなことが楽になります。（Ｐ１９３）

村上さんは、「自分自身なんて、それ自体ではそんなたいした存在ではない」と言います。この発言は、村上さんが作家という一人の「メディア（媒介者）」に徹していらっしゃることの証左であるようにも読み取れます。

世界中の人に愛される村上作品の秘訣は、この徹底ぶりにあるのかもしれません。村上さんご自身がそんな「流動的な存在」として作品を書かれているからこそ、異次元の世界を描いた作品にも、私たちは水の中に溶けこんだような無重力感や気持ちよさを感じてしまうのでしょう。

ともあれまずは、「自分から何かを伝えてやろう」というエゴが前面に出ないほうが、かえって伝わることを学びました。

他人の色を受け入れて、初めて自分という価値があらわれてくる。

受けとるために必要なこと

自分が自分の思いを誰かに伝えたいと思うように、相手もまた、思いを伝えたいと思っているはずです。村上さんは、「他人の色を受け入れて」と言っていますが、相手の話を聞くにはどうしたらよいのか、もう一人の達人から学びましょう。

「聞く」の代表選手の阿川佐和子さんが書かれた、その名も『聞く力』(文春新書)からの引用です。「聞き上手とは」という章で、こう述べられています。

聞き手が感情移入し過ぎるのにも、問題があります。でも、ときとして、相手の話を、話だけでなく光景として受け入れてみると、自分がその人へ、あるいはそこに登場する人々へ乗り移ったかのような感覚になり、見えてくること、理解できること、疑問に思うことが新たに生まれます。(P85)

ここで阿川さんがおっしゃっていることを、「メディア」という文脈でとらえるとこうなります。――「感情移入し過ぎる」のは、問題がある。感情が障害になり、媒介者としての役割を妨げることになるからだ。相手から真の情報を聞き出すには、「聞くメディア」に徹しなければ得られない。聞くメディアに徹することができれば、相手に「乗り移った(同化した)」かのように、相手の見ている光景を引き出すことができる。

そうして、引き出してきた言葉は、話し手にとって「特別」なものかもしれません。ですから阿川さんは、たんなる技術を超えた「聞き手」としての当然の姿勢として、こう指摘します。

人生において、誰かの「一言」がどれほど大切なものであるかを考えるとき、インタビ

ユアーのほんの小さな相づちも、「きちんと打たなきゃダメだ」と肝に銘じます。（P85）

阿川さんは、「週刊文春」の対談ページ「阿川佐和子のこの人に会いたい」の連載が九〇〇回を突破し、九〇〇〇人以上の方々と対談をされてきました。

引用した部分からもわかりますが、この本には、人から話を引き出すための特別な技術が書かれているというよりも、阿川さんの人との向き合い方が書かれています。話し手は阿川さんの真摯《しんし》な態度に、おそらくほぼ無意識に感化されて、普段話さないことも話し始めてしまうのではないでしょうか。

「聞く」ということは、相手の言葉をただ意味として理解することではありません。相手の人生を「受け止める」その覚悟と勇気がいる行為でもあるのです。

誰かの「一言」がどれほど大切なものであるかを肝に銘じる。

伝えるために必要なこと

これまで「媒介者」として「受けとる」「聞く」とはどういうことかを説明しました。とはいえ、それだけでは「話す」ことはできないと思われるかもしれません。話さないと、伝わるものも伝わらないよ、と。ところが、要点は実は同じなのです。相手をよく見ること。そして、感じること、です。

そのことを、山田ズーニーさんからも教わりましょう。

ズーニーさんは、もともとベネッセの小論文編集長として高校生の「考える力・書く力」の育成に携わってこられました。その後、会社を辞めて独立され、「おとなの小論文教室。」という連載を「ほぼ日刊イトイ新聞」で開始されます。

自分の頭で考え、自分の想いを、自分の言葉で表現するにはどうしたらいいのか？「ほぼ日」の読者の方々とのやりとりを通じて考えたこの連載の一部が、『おとなの小論文教室。』（河出書房新社）としてまとめられています。その中に、「伝わる」と「伝わらない」の差は何だろう？　という話が出てきます。

言いたいことを言うのと、伝えることは違う。「好きだ、好きだ、好きだ！」「わかって、わかって、わかって！」自分の気持ちを押し付けても愛はちっとも伝わらない。でも、相手が必要としていることをさりげなく差し出すと、「私のこと、大事に思っててくれたんだ！」って、コンマゼロ秒で愛は伝わる。（P70）

何かを伝えるには、伝えたいことをそのままただ言葉にするのは、必ずしも得策ではありません。なんでも思ったことを口にするのは、相手を無視した自己満足な行為といえるでしょう。

そうではなく、ここでも、「メディアに徹する」ことを意識してみてください。

「自分の伝えたいこと」が伝わらないとき、それは、「相手が必要としていること」と「伝えたいこと」が大きく離れているからです。その二者に開きがあるのは、なぜか。と考えれば、そこに「障害としての自分」がいるからです。それを、「媒介としての自分」に替えてみると、とたんに、二者の距離はなくなる。そうすれば、相手が必要としているものをさっと差し出すこともできる。結果、「伝わる」。

こういう流れを、自分がメディアになることで、さまざまな場面で起こしたいものですね。「好きだ!」にかぎらず、「一緒に仕事がしたい」「これをやってほしい」、仕事の中でもたくさんある、伝えたいこと。そんなときは、相手が必要としているのは何か? がポイントです。

お守り言葉

二一

「相手が必要としているもの」と「伝えたいこと」の開きをなくす。

相手を感じるには

そんなことを言っても、その相手が必要としているものを感じるのが難しいんだ、という声も聞こえてきそうです。

相手の気持ちを感じるには、どうしたらいいのでしょう。それには、ひとつのことを意識的に、いろんな視点で見てみること。そう語ってくれる本があります。森達也さんの『視点をずらす思考術』（講談社現代新書）です。

森達也さんはドキュメンタリー作家であり映画監督であり、著書もたくさん書かれています。テレビ制作会社社員時代から「テレビでは放映できない」「テレビ的には存在しないことになっている素材」に興味をもって活動され、一九九八年に発表したオウムの事件を追った自主制作映画「A」は、大きな反響を呼びました。

メディア的に常識とされているものに「そうなのか?・」というスタンスをとりつづけてい

る森さんが、その思考術について書かれたのがこの本になります。
森さんは、「この世界は無限に多次元なのだ」と語ります。

これらの多面な要素のうち、マスメディアは最も刺激的で最もわかりやすい局面を呈示する。ある程度は仕方がない。（略）でもこれを額面どおり受け取るだけでは、この世界は矮小化《わいしょうか》されるばかりだ。善悪や貧富や正誤などの二項対立に覆われるばかりだ。だからずらす。あなた自身が主体となって。扁平《へんぺい》で横並びのマスメディアの情報だって、これに接するあなたがほんの少しずれるだけで、多層で多面的な要素が現れる。二項対立の狭間が見えてくる。（P21）

「受けとる」というと、何もかもを真正面から受け止めないといけない、と思い込んでいる人がいるかもしれません。が、それはきっと、硬直した身体や思考のせいです。たとえば、巨大な隕石のような大玉が目の前に転がってきたとします。そのとき、真正面から受け止めてしまったら、ペチャンコになってしまうでしょう。森さんの言うマスメディアの「わかり

恐れ入ります
切手を
お貼り下さい

152-0035

東京都目黒区自由が丘
2-6-13
株式会社ミシマ社
編集部行

フリガナ

お名前　　　　　　　　　　　男性．女性　　　歳

〒

ご住所

（　　　　）

お仕事．学校名

メルマガ登録ご希望の方は是非お書き下さい。

E-mail

※携帯のアドレスは登録できません。ご了承下さいませ。

★ご記入いただいた個人情報は、今後の出版企画の参考として以外は利用致しません。

ご購入、誠にありがとうございます。
ご感想、ご意見をお聞かせ下さい。

① この本の書名

② この本をお求めになった書店

③ この本をお知りになったきっかけ

④ ご感想をどうぞ

＊お客様のお声は、新聞、雑誌広告、HPで匿名にて掲載させていただくことがございます。ご了承ください。

⑤ ミシマ社への一言

やすい」情報とは、この大玉のようなものです。しかし、大玉が来たらふつうは、反射的にぱっと横によけるでしょう。マスコミの情報に対しても、同じことをすればいいのです。それが、森さんの勧める「ずらす」です。

足場はつねに自由。けっして固定してはいけない。

ちなみに武道では、「居着く」（足の動きがなくなる）のがもっともよくない身体動作だと言われます。実戦では、居着いた瞬間、相手に切られることになりますから。

ともあれ、ずらし、かわすと、まったく違う景色が見えることがあります。正面から見ると、大玉に見えたものが、真横から見ると、ただの薄っぺらい紙でしかなかった、とか。そういうことが起こります。森さんの言うように、世界はいつだって多面的で、多次元なのです。

足場を変える。視点をずらす。

人を動かすには

最後は、より実践的な仕事での「伝える、受けとる」お話を。ずばり、相手を動かすにはどうすればいいいか？　メディアに徹し、ときに視点をずらし、相手の必要としていることを正確に把握し、さて……。

ここでは、一九三七年の第一版発行以来、世界各国語訳を含めると、一五〇〇万部に達するという伝説のビジネス書『人を動かす』（創元社）をご紹介します。

著者のデール・カーネギーさんは、ミズーリ州の農家に生まれますが、劣等感に悩まされ、それを克服するために弁論を研究したそうです。大学卒業後、教師、セールスマン、食肉会社員、行商人など、雑多な仕事を経験しますが、一九一一年には、ニューヨークに出て演劇研究所に入り、地方まわりの劇団に所属します。それもあまり長つづきはせずに、やがてニューヨークにもどって、トラックのセールスマンを始めます。

そして、自分にもっとも適した仕事はやはり大学時代に研究した弁論術だと気づき、YMCAの弁論術講座の担当となると、受講者数が増え、そこについに自分の道を見出します。

この本は、カーネギーさんの一五年にわたる指導の現場から生まれてきたもので、仕事上で、いかにして人を動かすかということが書かれています。「人を動かす三原則」「人に好かれる六原則」などが紹介されていますが、「人を動かす三原則」のなかの二つめをここではご紹介します。

人を動かす秘訣は、この世に、ただひとつしかない。この事実に気づいている人は、はなはだ少ないように思われる。しかし、人を動かす秘訣は、まちがいなく、ひとつしかないのである。すなわち、みずから動きたくなる気持を起こさせること――これが、秘訣だ。かさねていうが、これ以外に秘訣はない。（P33）

人を動かすには、相手のほしがっているものを与えるのが、唯一の方法である。（P33）

そして、人がもつさまざまな性情のうちでもっとも強いものは、他人に認められることを渇望する気持ちであると述べられます。

これこそ人間の心をたえずゆさぶっている焼けつくような渇きである。他人のこのような心の渇きを正しく満たしてやれる人はきわめてまれだが、それができる人にしてはじめて他人の心を自己の手中におさめることができるのである。（P35）

「他人の心を自己の手中におさめる」というとなんだかいやらしいような感じもしますが、人にちゃんと思いを伝えるとか、仕事上、人に何かを頼むとか、ふつうのコミュニケーションのなかでも大事なことですよね。

この章の最後には、人の渇望している承認を与えるというのはどういうことか、ということが語られています。

自分の長所、欲求を忘れて、他人の長所を考えようではないか。そうすれば、お世辞などはまったく無用になる。うそでない心からの賞賛を与えよう。シュワッブのように、〝心から賛成し、惜しみなく賛辞を与え〟よう。相手は、それを、心の奥深くしまいこんで、終生忘れないだろう――与えた本人が忘れても、受けた相手は、いつまでも忘れないでいつくしむだろう。（P49）

とくに仕事となると「効率よく」とか、「責任が」とか、いろいろな事情が入って、友だちとならうまくいくやりとりがうまくいかないということもあると思います。

そんなとき、どうするか。この章でみてきたすべてに通じていますが、相手がうれしいことと、したいことと、自分がうれしいこと、したいことが一体になるように動く。心から褒めようとするなら、自分が心底いいと思えていないといけません。自分が相手なのか、相手が自分か、もはやわからないような動きをすることが肝要です。

名媒介者であるということは、必然、いい仕事をする人ということでもあるんですね。

お守り言葉

二三

心からの賞賛を。

第五章

伝える、受け取る——メディア力

自分の畑から生やした言葉

山田ズーニー

どんづまりは三八歳から三年続いた。会社を辞め、独立をめざしたものの、一件の仕事も、電話も、メールも、ない、日々が、つづく。取材を申し込んでも門前払い。会社で編集長をしていたとき、名刺一枚で自由に動き回れたのがうそのよう。何かを求めて出かけても、行く場所も、待つ人もない。結局とぼとぼ、自分のアパートへ向けて歩くしかなかった。働き盛りの体は、活躍の場を失い、今日一日の置き場がない。

社会と自分がつながらない。つなぎ方さえわからない日々で、できるのは書くことだった。「自分はずっとずっと高校生の考える力・書く力の教育をしてきた」「いま自分が何者かもわからずグラグラしてつらいけど、もういっぺん教育の仕事をするんだ」「これを読んでいるあなたにも書く力がある！」。最初はネットに、やがて依頼が来て文章術の本にも、コツコツコツコツ、書いて、書いて、伝え続けた。

三年でダメなら諦めると線引きした。投げやりではない。三年間、考えに考え、持てる全てを賭けて、やることはやった。「これでダメなら諦めるしかない」という澄んだ覚悟だった。期限があと数日に迫ったとき、田舎から母が上京していた。母の背中に私は、「おかあちゃん、がんばったけどだめじゃった。今月いっぱいで諦める」とだけ、やっと言えた。母は振り返らず背中で聞いてくれた。振り向いたら私が泣いているのがわかるからだ。

●行きづまりに効く一冊
『あなたの話はなぜ「通じない」のか』（山田ズーニー、ちくま文庫）

●行きづまったときのおすすめ
走る・泳ぐ。手足を前に出すしかないのでどんなにへこんでいても、知らず知らずに思考も意志も、体とともに前に向かう。

覚悟の日、たまたま文章界の重鎮がずらっと並んだムックを見かけて買った。ものにならなかった自分にとどめを刺すためだ。ところがそこに、私の初めての本が「日本語文章がわかる五〇冊」の、一位谷崎潤一郎にはじまって一四位に選定されて載っていた。「諦めてはいけない」と言われているようだった。同じタイミングで二冊目の本『あなたの話はなぜ「通じない」のか』の正式依頼が来た。無名の新人のため出版社は決裁を渋っていたが、最初の本とサンプル原稿が評価されたのだ。この日を境に仕事は軌道にのっていった。

三年間、自分がやってきたことは、まちがってなかった。その三年間のコミュニケーション術をまとめたのが『あなたの話はなぜ「通じない」のか』だ。ビジネス書であり、就活で、日々の職場で、話が通じないときに、いかに自分の言いたいことを、言葉で、相手に通じさせるか、具体的な技術の本だ。にもかかわらず精神的に行きづまったときものすごく奮い立たされる本でもある。それもそのはず。仕事に行きづまった三年間を支え突破させたものは、エライ人の本ではない。自分で考え、実践したコミュニケーション術だったからだ。心が折れそうな日は、偉人の言葉でなく、自分の畑から生やした言葉で自分を鼓舞した。自家発電できること、それこそが独立をめざす私の目標だった。それらが本書の随所にちりばめられている。手前味噌ではなく、まさに本書に書いてある通りのことをやって、私は本当に社会に出ることができた。身をもって仕事の行きづまりを突破できると実証した本だ。

「自由への闘いの記録」だと、本書の読者は言う。仕事における自由とは、自分と人との信頼のネットワークだ。信頼ゼロから始めても、自由は、自分の言葉とコミュニケーションでつむぎ出せる！　想いは、通じる！

●行きづまっている若者へ一言
選択に必要なのはつまるところ二つ。「それはまちがいなく自分自身で選んだか？」「小さくても勇気ある選択か？」

やまだ・ずーにー
文章表現・コミュニケーションインストラクター。ベネッセ小論文編集長として高校生の考える力・書く力を育成、二〇〇〇年独立。現在フリーランスとして全国多数の企業・大学でワークショップをひらき、文章表現力・自己表現力・コミュニケーション力の教育に取り組んでいる。自らも文章を通して表現。表現教育者であり表現者である。著書に『おとなの進路教室。』『「働きたくない」というあなたへ』（以上、河出書房新社）他。インターネットコラム「おとなの小論文教室。」連載中。ラジオ「おとなの進路教室。」インターネットで配信中。

面白がりの尖兵《せんぺい》

柳瀬博一

私が、単行本の仕事に就いたのは偶然でした。たまたま入った会社で雑誌の記者をやって、次に雑誌開発の部署に回されて、バブル崩壊で出す雑誌もなくなって閑職状態だったとき、社内にできた単行本部署に回されたのでした。

本を読むのは大好きだけど、生まれてこのかた一度も「本の編集」を仕事にしようと思ったことがなかった私。会社としても事実上はじめての一般書籍部門。仕事を教えてくれる先輩も著者もコネもゼロ。こちらのスキルもやる気もゼロ。さてどうしようと思っていたそのとき、この本に再会したのです。

最初に読んだのは八〇年代初頭。「さる業界」とは、エロ本業界のこと。登場人物は、エロ本業界で編集長を務めるSさん（サン出版の櫻木徹郎さん）とS君（白夜書房の末井昭さん）。ワレメはもちろん毛も出しちゃダメ、出したら桜田門が黙っちゃいない七〇年代終わりに、いかに「売れる」「ヌケる」つまり消費者＝野郎の飽くなき欲望にヒットするエロ本を作るのか。二人の友人であり、イラストレーターにしてコラムニストにして漫画雑誌『ガロ』編集長もやっていた南伸坊さんが聞く。エロ本の「エロ」の側にしか興味のなかった童貞高校生の私は、エロ本を「作る側」の面白さを知りました。

以来、私は南さんのファンになりました。南さんのイラスト＋文章を通すと、道ばたの看

●行きづまりに効く一冊
『さる業界の人々』（南伸坊、ちくま文庫）

●行きづまったときのおすすめ
外に出る。どこでもいい。なんでもいい。散歩。合コン。海外旅行。登山。ダイビング。自転車漕ぎ。頭より身体のほうが先輩だから「行きづまる」なんて脳みその悩みは身体が解決してくれます。

板が、新聞記事が、美術が、芸能人の顔が、エロ本が、誰もが目にする「そこらへんにあるもの」すべてが、「面白くなっちゃう」。で、単行本編集者になった九〇年代半ば、文庫化された本書を本屋で見つけて、久しぶりに読んで、はじめて気づいたのです。

編集者に必要なこと、この本に全部書いてある。

なにせ本書の冒頭はこう始まるのですから。「これからは、編集者だ!」

面白いことは限られている。だからすでにある「面白い」を組み替えたり並べ替えたりして、新しい「面白い」を生む。そんな面白がりの尖兵が、編集者なのだ、と。エロもそう。男のエロは本能。男はずっとエロが好き。一方エロの表現はすぐ飽きられる。風俗サービスの内容もAVタレントも。欲望の根っこが不変だからこそ、アプローチは常に新しくないとニーズに応えられない。そこで出番です、編集者の。手持ちのネタで、創意工夫で、新しいエロの山道を切り開く。

なるほど。「エロ」をいろんなものに置き換えれば、なんだって「編集」できるじゃないか。周りを見渡すと、会社にはさまざまな専門誌がありました。ビジネス。パソコン。医療。美術。エンタテインメント。建設。それぞれコンテンツの山脈。しかも「書籍」というアプローチではまだ誰も登っていない処女峰。本書を登山道具に、私は社内の「山脈」に登るところから本作りを始めたのです。

目の前のモノとヒトとを組み合わせながら新しい「面白い」を生む。あらゆる仕事は、編集です。私にとって、南さんのこの本こそが「仕事のバイブル」であります。

●行きづまっている若者へ一言
とりあえず、サボろう。

やなせ・ひろいち
一九六四年、静岡県生まれ。慶應義塾大学経済学部卒業。八八年日経マグロウヒル社（現在の日経BP社）入社。日経ビジネス編集部、新媒体開発などを経て、出版局で単行本編集者に。『小倉昌男 経営学』『矢沢永吉 アー・ユー・ハッピー?』『養老孟司のデジタル昆虫図鑑』『日本美術応援団』『社長失格』『流行人類学クロニクル』等を編集。現在は日経ビジネス・日経ビジネスオンラインの企画プロデューサー。社外活動として「文化系トークラジオ Ｌｉｆｅ」「柳瀬博一 Ｔｅｒｍｉｎａｌ」（共にＴＢＳラジオ）などに出演。ＮＰＯ小網代野外活動調整会議理事。

*

第六章　ひとにやさしく――包容力と温かさ

前章では、「伝える、受けとる」というところから、相手の気持ちを想像することを考えました。つづいては……、ひとにやさしく、そう、ブルーハーツです。まわりのひとにやさしく接し、あたたかい態度で日々を送る。そうすることで相手の感覚も開かれていって、いい環境が整っていく。最終的には自分にとってもそれは気持ちのよい環境になっていくのだと思います。

ということで、ひとにやさしくなりましょう、という章を設けてみました。実はこれは、メディア力の応用編でもあります。

つねに自分よりも他者、という視点で動いている人たちの言葉や、ひとをやさしくしたり、あたたかくしたりする言葉を中心に集めています。

来る者を拒まない

ひとにやさしいって、どういうことでしょう。……いきなりだと難しいので、反対に、ひとにやさしくないって、どういうことでしょう。いろいろな人がいて、感じ方はそれぞれとは思いますが、他人から無視されること、関心をもってもらえないことというのが、一番つらいことではないでしょうか。相手にそう感じさせないためには、まずはオープンマインドでいること。これがとても大切です。心を広くして、他者を受け入れることの大切さを、人生の大先輩お二人から学びましょう。

まずは『論語と算盤』（渋沢栄一、角川ソフィア文庫）から。渋沢栄一さんといえば、日本の資本主義の父と言われる、日本の経済をつくられたというような人です。一八四〇年に、一橋家の家臣、その当時は幕臣と呼ばれる家に生まれました。ヨーロッパを歴訪し、明治維新後、一八六九年に明治新政府に仕えます。さらに、民部省、大蔵省を経験された後、企業の指導的立場に立たれ、五〇〇社前後の企業の創立・発展に貢献されました。今の日本の経済の礎《いしずえ》を築かれた方です。

「論語」は、渋沢さんが「手本にすべき」「重要な教えが載っているもの」と考えられていたもの。一方で、「算盤《そろばん》」というのは、経済活動の象徴です。「論語」と「算盤」は一見不釣合いでかけ離れているように見えますが、国の富をなす経済が、「論語を基本としたきちんとした道徳のもとにあるもの」であるにはどうすればよいか、ということを渋沢さんが説かれた本になります。

ここでは、晩年まで企業のため、国家社会のために駆け回っていた渋沢さんが残された、壁を設けない、というお話を紹介します。

私は老人《としより》の冷水《ひやみず》といいましょうか、将《ま》た老婆心といいましょうか、この歳になっても、国家社会のために朝夕《ちょうせき》駈け廻っております。（略）世の中は広いから、随分賢者もおれば偉い人もいる。それをうるさい、善くない人が来るからといって、玉石混交《ぎょくせきこんこう》して一様に断り、門戸を閉鎖してしまうようでは、単《ひと》り賢者に対して礼を失するのみならず、社会に対する義務を完全に遂行することができません。だから私は、どなたに対しても城壁を設けず、充分誠意と礼譲とをもってお目にかかる。しかして、もし無理な注文が出れば断るし、できることは尽くして上げるようにする。（P145〜146）

当時の日本でおそらく忙しさベスト一〇には入っていたであろう渋沢さんが、それでも訪ねてきたいろいろな人を拒まずに受け入れようとされる。今の企業は、セキュリティのためにゲートを設けているところも多く、そもそもアポイントがなければ訪ねることすらできません。そうやって大切なものを守っているつもりになっているうちに、実は大切なもの、やさしさや、その企業のこれからの種になるようなものすら、失っていっているのかもしれません。

しかるに世間往々にして、客を引見することを億劫《おっくう》がる人が多い。否、富豪だとか名士だとか言わるる階級の人には、ことに来客を厭《きら》うの風が甚だしいようであるけれども、うるさいとか億劫だとか言って引っこんでおっては、国家社会に対して徳義上の義務を全《まっと》うすることは、できまいと思う。（P146）

み、耳が痛い……。もちろん、私たちは富豪でも名士でもありませんが、「国家社会に対して」という気持ちをもつことは、階級の上下には関係ありません。その第一歩は、人に会うこと。「誠意と礼譲をもって」人に会うこと。

ネットの発達により簡単に「つながる」ことのできる時代だからこそ、「会う」ことの価値はいっそう高くなっているはずです。そのことを自覚し、さらには渋沢先生のような気概をもって人に接することは、現代において絶対に忘れないでいたいことです。

どんなに忙しくても、壁をつくらない。

共感する笑い

渋沢さんの例でもわかるように、真のメディア力が高い人は、他者に対して開かれていて、ひいてはひとにやさしいものです。

そういう意味で、これから登場する方々の話を、メディア力を高めるヒントとしてとらえ、実践してみるのもいいかもしれません。

第一章でたくましい人のそばにいることでパワーをもらったように、オープンマインドな「ひとにやさしい」達人たちにいっぱい触れてみましょう。

まずは、遠藤周作さん。

遠藤さんは、一九二三年生まれ。幼少時代を旧満州で過ごされ、帰国後一二歳のときにカトリックの洗礼を受けます。その後発表された小説『白い人』が芥川賞を受賞し、小説家として活躍をしていきます。代表作に『海と毒薬』『沈黙』『深い河』など、みなさん一度は聞いたことがあるような作品がずらっと並びます。

一九六〇年代には大病を患《わずら》われ、その療養で転居されてから、「狐狸庵山人《こりあんさんじん》」という名前でユーモアのあるエッセイも数多く手がけられています。

『考えすぎ人間へ』(青春出版社)は、若者に向けて話しかけるような文体で、タイトルのように「考えすぎ」ている私たちに温かな言葉をかけてくださっています。

そのなかで、友だちがたくさんいらっしゃる遠藤さんが、自分のことについて語られているところを紹介したいと思います。

私の根底には、第一にオプチミストの要素があるんですな。つまり世の中に対して、さほど警戒心を抱かない。ペシミストというのはその逆ですが、私は人間に対して警戒心を抱かない。(略)

たとえ悪人に会ったとしても、私にはそれを肯定するところがあるんでしょう。その人のヘンなところを肯定して笑えるという要素が私の中にはある。カネを巻き上げられたと

しても、その事件そのものを笑いに変えてしまうんです。（P118）

「そういうことが友達をたくさん作ってきたんだと思いますよ」と書かれてあり、その後、

多くの若い諸君は、オプチミストというより自分のことだけ関心があるように見える。好奇心というのが無くなっている。

オプチミストは、同時に好奇心が強いものなんです。自分以外の世界にも無警戒にクビを突っこむことができるんですよ。だけどいまの若い連中は意外に警戒心が強い。自分の世界を作って、その中に閉じこもろう閉じこもろうとするじゃないか。知らないことには手を出さない。自分の友達が知っている安全なことにしか手を出そうとしないでしょう。（P119）

と語られています。自分が閉じれば、相手も閉じる。自分を守っているばかりでは、ひとにやさしくするというのはなかなか難しいことなのかもしれません。悪人に会ったとして

も、その人を観察して、友だちになってしまうような、そういうある意味楽観的なオープンな心というのが、ひとのやさしさを支えるものなのでしょう。

無警戒に首をつっこむ。

全部受けとめる

次は、そんな受け入れることのスペシャリストである、佐藤初女《はつめ》さんのお話です。初女さんは一九二一年に青森県に生まれます。若い頃、父親が事業に失敗し、住む家も財産も失うという体験が引き金となって肺の病気を患い、喀血《かっけつ》をくりかえしながら一七年間の闘病生活を送られます。その間、まさに第三章に出てきたように、「食べることでいのちをいただく」ことで、少しずつ回復されたと語られています。

そんな初女さんのもとには、もう三〇年も前から、心を病んだ人や苦しみを抱えた人たちが自然と集まってきます。初女さんは、その季節に土地で採れた新鮮な材料を使っておいしいものを作り、食べさせてあげ、黙って傍《かたわ》らに座られます。いまでは初女さんに癒された大勢の方の奉仕や寄付によって、岩木山の麓《ふもと》に「森のイスキア」と呼ばれる憩いと安らぎの家ができています。

そんな初女さんの自伝的エッセイ『おむすびの祈り「森のイスキア」こころの歳時記』（集英社文庫）より、引用します。

私は、その人の話したいこと、思っていることを全部受けとめて聞くようにしています。「あなたはそういうけれど、それは間違っている」とか、「こうすればいいのよ」とか、途中で話をさえぎるようなことはしません。そのようなことをすれば、相手はせっかく開きかけた心をまた閉ざしてしまいます。（P36）

お見舞いや看病の仕方、どうすれば病人が癒されるかということが、単なる言葉や知識としてでなく、身体でわかっているから、その人たちのために親身になって考えてあげることができるのだと初女さんは語ります。

そして、初女さんが気持ちを寄り添わせるのは、人だけではありません。

私はご飯を炊くことも人と会うことも同じだと思っています。ひとりひとりの抱えている悩みや苦しみがすべて違うように、お米の様子もそのときそのときで違います。人に会っているときに、その人が今一番望んでいることは何だろうと心をつかうように、ご飯を炊くときも、お米の気持ちに添うように接したいと思っています。ですから私は、じっとじっとお米を見つめて、そのお米に一番合った水加減を決めます。（P219～220）

何かに対してだけ、誰かに対してだけ、やさしくするのではなく、来る人すべてに、そして人だけでなく自分が接する、植物、モノ、すべての声を聞こうとし、寄り添うこと。なかなかできることではありませんが、そんな佐藤さんの言葉を身体に沁み込ませたいと思います。最後にこちらの言葉を。

お守り言葉

二六

人は「受け止められた」と思った瞬間から、本当の強さを発揮《はっき》することができます。どんなに苦しんでいる人でも、すべて話して受け入れられていると思った時から、自《みずか》ら解決策に気づいていくものなのです。そのような「母性愛」がもう少し一人ひとりのこころの中で芽生えるなら、混沌《こんとん》とした現代のような状況も、少しは変わるように思えるのです。

（『いまを生きる言葉「森のイスキア」』講談社、P58）

お米の気持ちに寄り添うように。

どういう仕事でもいい

もうひと方、働くとは「やりたいこと」をやるんじゃないんだ、と熱く語られるこの方もご紹介します。

坂口恭平さんは、一九七八年熊本県生まれ。早稲田大学の建築学科を卒業され、いまは建築家であり、作家、絵描き、踊り手、歌い手でもあり、多彩な活動をされています。その坂口さんは震災を経て、現政府がやっていることはおかしい、という危機感をいだき、二〇一一年五月に「新政府を樹立する」ことを宣言、初代内閣総理大臣に就任されます。そういった一連の活動で、どういうことをやりたくて、どういう世界を目指すのか、ということを書かれているのが、この本、『独立国家のつくりかた』(講談社現代新書)です。

そのなかから、「働くこと」について語られているところを紹介します。「自分のやりたいことなんてどうでもいい」という見出しがついています。

やりたいことは無視して、自分がやらないと誰がやる、ということをやらないといけない。（略）僕はそれだけだ。好きでやっているとか、そんな動機じゃない。もっと切実な動機でやっている。こんな大人たちに任せてしまっては大変なことになると思った。使命と言っては大げさかもしれないけれど、これは自分がやらなければならないと心に決めたのだ。（P162〜163）

自分がやらないと誰がやる、ということをやる。坂口さんは、「自己実現をするのではなく、社会実現に向かっていく。それをまず決めるんだ」とも言います。この「自分がやらないと誰がやる」というものこそ、才能と呼ばれるものなのでしょう。

僕にとっての才能というものは秀でているものではない。才能とは、自分がこの社会に対して純粋に関わることができる部分のことを指す。（P176）

では、この才能はどのようにすれば見つけることができるのでしょう。

それは、もうおわかりですよね。

「自分」と「社会」のあいだをなくす。自身をそういう透明なメディアにすることによって、「自分がこの社会に対して純粋に関わること」も感知できてきます。

その意味でも、第三章で述べた身体感覚の達人たちの本にあるようなことを日々、実践し、感知できる身体をつくっていくこともとても重要ですね。

ともあれ、自己実現とか、キャリアアップとか、そういうことではなく、人に、社会に、自分ができることを差し出す。「やさしさ」の先にはそんな働き方が見えてくるのではないでしょうか。

お守り言葉

二七

才能とは、自分がこの社会に対して純粋に関わることができる部分。

見返りを求めない──メッシならぬ滅私

メッシのようなプレーをしろ！　と言われても無理でしょう。リオネル・メッシ。バロンドールを四年連続、四度も受賞するなど、二〇代前半にして、サッカー界の頂点をきわめ、なお進化する天才プレイヤー。しかし、滅私なら……。私たちにもできるはずです。

先に述べた、自分ができることを差し出す働き方とは、見返りを求めない働き方でもあります。つまり、滅私。といってももちろん、働いてお金を稼ぐことは大切で、無償で働くのがいいと言っているわけではありません。でも、これだけやったからこれくらいもらえて当然、何時間やったからいくらもらう、というだけのための仕事は、つづければつづけるほど味気ないものになり、長期的に見ると、自分の首を絞めていくのではないでしょうか。

働くことと見返りを求めることが自動的にセットになってしまいがちな私たちの発想に警鐘を鳴らす言葉を、この章の最後にご紹介したいと思います。

梶田真章《かじたしんしょう》さんは一九五六年生まれ、京都にある法然院というお寺の第三一代貫主という職にいらっしゃる方です。法然院は京都の東山、銀閣寺の近くにあります。芸術家の発表の場としてお寺を開放するなど、現代のお寺の可能性を探られている方でもあります。

ここでは梶田さんが『ありのまま　ていねいに暮らす、楽に生きる。』（リトルモア）の「見返りを求めない　お布施の精神」という章で語られている言葉を紹介します。

誰かに何かしてあげたら、自分も何かしてもらえる。「give and take」はそういう発想ですね。私たちの社会は今、その精神で成り立っているように思えます。しかし私たちは、何かをすることに対して、見返りをほしいと思いすぎているのではないでしょうか。

生きているということ自体、それだけですでに十分いただいているのです。例をあげればきりがありません。動物や植物を食べたり、衣服として加工したり、あるいは山や海でくつろいだり。家族や友だちに助けられたり。ふだんはそう意識していないかもしれませんが、そうして他のいのちに支えられ、生かしていただいているのです。（P104）

日常を慌ただしく生きていると、こういう「当たり前」のことを忘れがちです。これも、忙しさというのが邪魔者になり、自分が、自然と自分のあいだを気持ちよくつなぐメディアとして機能していないからでしょう。けれど、少し心を透明にして、この梶田さんの発言を聞けば、「たしかに、生きていること自体、十分いただいている」と思えてきます。

佛教では、お返しししていくことを「布施《ふせ》」と言います。（略）生かしていただいていることへの感謝をしめす行為として、見返りを求めずまわりの存在に返していく。それが布施するという意味です。（P104〜105）

「見返りを求める」と、そこからどうしても忸怩《じくじ》たる思いや失望も生まれます。そういうしんどさから少しでも解放されたかったら、見返りを期待しないことにつきるのです。それは決して後ろ向きな姿勢ではありません。この社会にしっかりと根づいてしまった「give and take」の発想から自由になることなのです。（P105）

見返りを期待せずに人にやさしくすることは、結局は人のことも、そして自分のことも温めることになります。仕事をしていると忘れがちな「ひとにやさしく」。気持ちがとがってしまうときには、この章のお守り言葉を思い出してみてください。

お守り言葉

二八

「give and take」の発想から自由になる。

進まない道ノススメ

山口ミルコ

会社を辞めたら、ぜんぜん違うことをやるって、アリなんだ。

そう考えたら、楽しくなってきた。

いまの仕事だって、好きでやってるはずだった。

けれどもどうしてこんなに辛いことが次々やってくるのか。

「私が何か悪いことをしましたか?」

そんなことは、ない。良かれと思いこそすれ。

自分の努力や思考を重ねることでは解決できない、〝他人の気分〟によってどうやらそれは降りかかってくるらしい。

「どこか遠くへ行きたいな」

よくそんなことを考えていた。

「遠く」は、場所とはかぎらない。

自分を現状から救い出してくれる、何か。

その何かは、自分自身で作り出さねばならぬことくらい、世に出ればわかる。

そこであたまをもたげてくるのは、いまの自分が選ばなかった道だ。

〝あっち〟へ進むこともできたかもしれない。〝あっち〟はいまもそこにある。それを確認

●行きづまりに効く一冊
『ジャズ・スタディ』(渡辺貞夫、エー・ティー・エヌ)

●行きづまったときのおすすめ
いったん寝る。

するための本は、仕事に行きづまったときに有効だと思う。

私の場合は『ジャズ・スタディ』なのだった。

これは渡辺貞夫さんが書いた本だが、音楽エッセイでもなければ評論でもない、ジャズの理論書である。


「音楽を教える」ことと「音楽する」ことは同時点で議論することはできません。教えることはある種の束縛をすることであり、音楽することは楽器の上で自由になることを意味します。"Jazz Study"によってあなたになんらかの束縛をするかも知れません。しかしそれを知った上で、あなたが幅を拡げて自由になることを期待するのです。

（一九七〇年一〇月、渡辺貞夫／巻頭のメッセージより抜粋）


これを読むと、こういうものを自分もいつか書きたい、と思う。その本を手にした人が、束縛を知り、そして自由になれる、そんな本を、自分も書きたい。

『ジャズ・スタディ』を眺めるだけでは楽器は上達しないし、読んで楽しいものでもない。ただ、ここにあるもの――渡辺貞夫さんがこの本に込めたもの――を確かめるだけで、どうしても自分の仕事をまた、やる気になってしまう。

そうだ、〝あっち〟ではなく〝こっち〟だったと、ずっとそこにうずくまる〝あっち〟に教えてもらうのである。

●行きづまっている若者へ一言
頑張っていれば必ずみてくれている人がいる。

やまぐち・みるこ
一九六五年、東京都生まれ。角川書店雑誌編集部を経て、幻冬舎の創業期から一五年間、プロデューサー・編集者として文芸から芸能まで数々のベストセラーを世に送る。二〇〇九年三月に独立。以降フリーランスで出版物の執筆、編集、コーディネイトをするほか、木管楽器奏者として演奏活動もしている。著書に『毛のない生活』（ミシマ社）がある。

生まれ持ったどうしようもないものたち

浅山太一

行きづまったとかじゃなく、この文章を書くのに行きづまってしまった。思い起こせばなにか困ったことがあった時にその問題を解決するために本を読む、なんてことを私はしたことがない。

なんで私は行きづまりを解消しようとしないのだろう、というか解消しようとしない人間になってしまったのだろう。まぁ思い当たることは三つほどあるのだが、その内容はここでは書かない。よくある話なのだ。大事なのはその三つの原因が二〇歳の私にほとんど同時にふりかかってきた、という個人史的な事実の方だ。そして私はその人生のドンづまりの中、なにか困難を解決しようとする試みそのものを放棄するようになった。『ジョジョの奇妙な冒険』の第二部に出てきた吸血鬼カーズ風に言えば「乗り越えるのを止めた」のだ。

と、こんなふうに書くと「なんだこいつは。ただの自堕落野郎じゃねーか」と思われてしまうだろう。が、そんなことはない。そもそも二〇歳を過ぎて以降に出会う悩みなんて解決しないことがほとんどじゃなかろうか。生まれ持った容姿であったり、能力であったり、親の財力であったり、性癖であったり、まぁその他多くの「生まれ持ったどうしようもないものたち」だ。私たちが行きづまったと思う時のほとんどは、この「生まれ持ったどうしようもないものたち」と「いま要求されているハードル」の齟齬《そご》からきていると考えて間違いな

●行きづまりに効く一冊
『アリアドネからの糸』(中井久夫、みすず書房)

●行きづまったときのおすすめ
本以外とくにない、ので困ってます。

い。

これは考えてみれば当たり前の話。手持ちが一五〇〇円しかないのに初乗り二〇〇円の市営地下鉄に乗って梅田から大阪港の海遊館まで行ってくるようなものだ。ただ個人的に重要なことは、この「生まれ持ったどうしようもないものたち」についてさえ私たちはロクに自覚できてないことが多い、という事実である。

私の好きな本に『アリアドネからの糸』という本がある。精神科医の中井久夫さんの書いた本だ。その中で中井さんは詩人ポール・ヴァレリーのこんな言葉を引用している。

人は他者と意志の伝達がはかれる限りにおいてしか自分自身とも通じ合うことができない。それは他者と意志の伝達をはかるときと同じ手段によってしか自らとも通じ合えないということである。

この言葉を中井さんは「私が自分と折り合いをつけられる尺度は私が他者と折り合いをつけられる、その程度である」と解釈している。要はまわりとうまくやれてる人間は自分ともうまくやれてるし、自分を理解できてる人間はまわりともゴタゴタしないという話なのだけど、私はこの言葉がすごく好きだ。たぶん世の中を前進させるのは、困難を乗り越えようとする私たちの日々の努力なんだろう。でも目の前にあるハードルを飛び越えるための努力をひたすら促すその前に、私たちは自分に聞いてみるべきなんじゃなかろうか。

私は何がしたいの、何ができるの、と。

●行きづまっている若者へ一言
あなたたちは仕事に行きづまっているかもしれませんが、私は人生に行きづまっています。ともにがんばりましょう。

あさやま・たいち
一九八三年、神戸市生まれ。大学院を卒業後、大阪で書店勤務。ちなみに非正規雇用。

*

第七章　みんなでいい結果——チームワーク

他者にも目が向くようになったら、ひととしてやさしくできるだけでなく、やはり仕事をしている以上、結果というものもつねに求められていくでしょう。

そのとき自分一人が活躍するというのではなく、チーム、そして自分が所属する部署や会社がひとつとなって、高いチームワークを発揮することでいい結果が出るようになっていくに越したことはありません。

この章ではチームワークという視点から、チームがよりよくなるための考え方、思考法、実際の動き方を集めてみました。

チームと身体

結論めいたところからのスタートになりますが、まずはこの大御所の言葉から、チームワークの真髄を学びたいと思います。

『道をひらく』(PHP研究所)は、松下電器産業(現、パナソニック)創始者である松下幸之助さんの四八〇万部を突破する随想集です。日本の起業家エッセイのなかでもっとも読まれているのではないか、ということの一冊には、ビジネスに関するありとあらゆるお守り言葉が書かれており、この本のどの章でも紹介できる内容です。

ここでは、こちらの文章をお読みください。

ピンとくる

人間の身体《からだ》の仕組みは、実に複雑にそして実に巧《たく》みにできている。神のみがなし得ることかもしれないが、人工衛星の構造がいくら複雑だと言ってみても、所詮《しょせん》、人体の神秘《しんぴ》さにはかなわない。見方によっては、宇宙の広大さ、神秘さが、そのまま人間の身体に再現されていると言ってもよいであろう。

それほどに複雑で、それほどに大きい。にもかかわらず、足の先を針の先でちょっとつついても、頭にすぐピンとくる。すみずみにまで神経がこまかくゆきとどいて、どんなところのどんな小さな変化でも、間髪《かんはつ》を入れず頭に知らせる。だから機敏《きびん》にして適切な行動もとれるわけである。（P260〜261）

チーム全体が、感度のよい人の身体のようになれるかどうか。人の身体にたとえるといろいろなことが見えてきます。

たとえば分業、分業の分断主義。会社全体よりも、自分の部署の利益の最大化をはかる。隣の部署の成績を奪う。隣の席の人がどんな仕事をしているのか、興味もなければまったく知らない……。

そんなことが自分の身体で起こったら大変です。胃腸が勝手に消化しやすいものしか受けつけなくなったり、足の先を針でつつかれても、神経は知らんぷりをしていたり……。

逆にいえば、感度のいい身体、第三章でみた「仕事をする体力」のある身体をもった人たちが集まったチームは、風通しがよく、柔軟で、おたがいの凸凹を補い合えるチーム、ということができるのではないでしょうか。チームメンバーひとりひとりの身体性をあげていくことが、よきチームワークへの近道であるのは間違いありません。

野球選手には、バットの先まで自分の指先のように感じることがあるそうです。同様に、身体感覚が高まると、自分の身体部分だけでなく、たとえば職場の隅々にまで自分の身体のセンサーが埋め込まれているように感じることができるでしょう。

ちなみに……。私たちミシマ社は、現在、東京・自由が丘と京都の二拠点で出版活動を行っておりますが、会社がひとつの身体でありつづけるために気をつけていることがいくつかあります。ひとつは、自由が丘一拠点のときからの「習慣」を二拠点になってもつづけるということです。たとえば、朝出社したら一番最初に掃除をする。そして、メンバーそろって神棚にぱちぱちと柏手を打ってから、ミーティングをする。掃除と柏手は、代表の三島が一人で会社を立ち上げた頃から行っているもので、人数が増えてからも「そうするほうがなんとなく気持ちがいい」という理由でつづけておりました。二拠点になってからは、毎朝、スカイプをつないで、柏手を打つタイミングを合わせています。パンパン、と音が重なると、不思議とそれだけで一体感が出たような気になれます。自分の身体がどちらの場所にもあるような気にも。もっとも、これによってミシマ社のチームワークがいいかどうかは謎ではありますが……。

身体は宇宙の広大さを再現したもの。

他者とコラボレーションする能力

個人で動くよりもチームで動いたほうが大きな力を発揮できる。そのためには、自分ができない仕事を知り、それが得意な仲間と協力して働くこと、つまり協働が必要です。
このことについて、内田樹先生は『街場の教育論』（ミシマ社）のなかでこのように述べられています。

「使える専門家」というのは、誤解している人が多いと思いますけれど、自分が何をできるのかを言い立てる人のことではありません。そうではなくて、自分は何ができないのかをきちんと理解していて、「自分ができない仕事」、それに支援されなくては自分の専門的知見が生かされない仕事について、きちんとしたジョブ・デスクリプションが書ける人のことです。（P104）

ですから、当然、「自分にできないこと」を「自分に代わって引き受けてくれる仲間」に対しては深い敬意が示され、できる限りの支援を行うことが必須になります。本来、子どもたちに最初に教えるべきなのは、「このこと」のはずです。（P108）

「自分にできないこと」を知り、敬意をもって支援を乞う。

大切なのは、「自分はなにをできないのか」を理解すること。そして、「敬意と愛」をもって「自分にできないこと」に支援を乞う。これが協働の基本だとおっしゃっています。

そして、「競争に勝て」という教育は、むしろ、どうやって仲間の足を引っ張るか、どうやって仲間の邪魔をするか、どうやって一人だけ他人を出し抜いて「いい思い」をするか、そういう「えげつない」作法を子どもの頃から教え込むことであり、もう「そういうこと」はやめる潮時《しおどき》でしょう、と語られます。これ、仕事にもピッタリ当てはまることですよね。ですから、社内競争というのは中・長期的には会社にとってまったくプラスには働かないのです。

自分にできないことを知り、その部分を信頼する仲間に託す。そうすることで、自分一人では達成できない大きな仕事を成し遂げる。そんな働き方を「つねに」したいものです。

個人とチーム

でも……、社内に競争関係があり、個人個人がそれぞれがんばるほうが、効率的に仕事ができて、結果も出るんじゃないの？　と思う方もいるかもしれません。そんな疑問には、この方が答えてくださいます。

佐々木常夫さんは一九四四年生まれ。東レでの課長時代、もっともお仕事が忙しかった時期に、自閉症のご長男を含む三人のお子様の子育てをしながら、肝臓病を患った奥様の看病もし……という経験をされた方です。

朝早く出社して、午後六時には会社から退勤しなければならない生活だったので、その間、もっとも効率のよい仕事を極め、仕事術を最大限に磨かれました。

『働く君に贈る25の言葉』（WAVE出版）は、一線から退きつつある佐々木さんが、これからキャリアを重ねていく若者に、仕事に関する大切なことを伝えていくという趣旨の本で、その中にチームワークについて語られている部分があります。

もちろん、会社はあくまでも戦闘集団です。社会に価値を提供しながら利益を確保するのは、とても難しいことです。だから馴れ合いになってはいけませんし、メンバーを厳しく律する必要もあります。しかし、その根底に信頼関係がなければ、決していい仕事はできないのです。（P147）

君が周りの人から信頼されていなければ、君の頼みごとを率先してやってくれはしません。その結果、協力し合えば簡単に終わる仕事を、ひとりで時間をかけてやらざるを得なくなるでしょう。会社の仕事というのは、ひとりでしているわけではありません。君ひとりで完結できる仕事もなかにはあるかもしれませんが、ほとんどの仕事は〝団体競技〟として行われるのです。そこに、信頼関係がなければ、いくら一人ひとりが効率的に仕事を処理したとしても、チーム全体としては乗数的にロスが発生してしまいます。その結果、

君の仕事の効率性も低下してしまうのです。（Ｐ１４８）

効率を極めようとする大企業が、成果主義を取り入れ、社内でも競争をあおる。でもそのことがチームの信頼関係を損なうのであれば、大局的に見れば非効率なことをしていることになるのではないでしょうか。ビジネスの現場を知り尽くした佐々木さんの言葉は、とても大切なことを教えてくれている気がしてなりません。

信頼関係こそ「効率性」です。

普段の行い

では、信頼関係を築くにはどうしたらいいか？　引きつづき、佐々木さんの言葉を紹介したいと思います。

では、信頼を築くにはどうしたらいいのでしょう。まず何より「真摯《しんし》である」ことです。会社に着いたらきちんと挨拶をする。自分に与えられた仕事は、責任をもって誠実に遂行する。上司からの指示がよく理解できなかったら丁寧に確認する。仕事でミスをしたら関係する人にきちんと謝る。そうした真摯な行動をとることが周囲の人たちとの信頼関係を築き上げる最短の道です。（P148）

またまた自社の話ですみません。第一章で「デッチ」という制度があることを述べました。これは、ミシマ社の仕事を現場で一緒にやっていくなかで、「何か」これから生きていくうえで力になるようなものを感じてもらえたなら嬉しいなぁ、という思いから設けたものです。どういう立場であれ出版の仕事を将来盛り上げてくれたら、という願望はもちろんありますが、それ以上に、これからの人たちに開かれていたいのが最大の思いです。おおげさにいえば私塾みたいなものです。

そこで大切にしていることといえば、やはり挨拶とか礼儀とか、そういうことになります。実際、入りたての頃、こっちがびっくりするくらい「ありがとう」とか「すみません」のひとことが言えない学生がいます。あまりに「失礼だよなぁ」というときは、けっこう真剣に注意をするようにしてます。すると、彼ら・彼女らの目の色がぱっと変わります。今度は逆の意味でびっくりするくらい、気持ちのいい挨拶をするようになるのです。思うに、挨拶とか礼儀とかができないのはたんに知らないだけで、本当は知りたいと思っている。就職もけっして楽ではない時代に生まれた若い子たちは、大人たちが思っている以上に真剣です。その真剣さにこちらが向き合いきれず、へんに「お客様」扱いし過ぎなような気もします。会社も、教育機関も。つまり、まずは大人たちのほうが、佐々木さんの言うように「真摯で」あれば、若い人たちの可能性をもっともっと引き出せると感じています。もちろん私たちの可能性もそういう人たちと一緒に働くことで、どんどん広がっていくはずです。いずれにせよ、挨拶や礼儀は大人への第一歩ですよね。長くなりましたが、自社にまつわる話、以上にて。

ここでもうひとつ、紹介したい言葉があります。

『7つの習慣』(スティーブン・R・コヴィー、キングベアー出版)は、アメリカ建国からおよそ二〇〇年のあいだに刊行された「成功」に関する文献を網羅《もうら》的に調査し、その成果をもとに執筆された一冊で、第一章でご紹介した『思考は現実化する』と並ぶ、成功哲学のベストセラーです。

第一~三の習慣で「私的成功」の方法を説き、第四~六の習慣では他者を慮《おもんぱか》りながらチームワークを発揮してよりよい人間関係を実現していく方法が、第七の習慣では肉体、精神、知性、社会・情緒という四つの面をいつも気にかけてメンテナンスする方法が書かれています。ここでご紹介するのはもちろん、チームワークについての一節です。

相手に対して本当に影響を与えることができるかどうかは、あなた自身が模範を示すこと、つまり日頃どう行動しているかにかかっている。その模範とは、あなたは真にどういう人なのか、あなたの人格はどうなのかということから自然に流れ出るものである。それは、ほかの人があなたのことをどう言っているかとか、あなたが相手にどう思って欲しいかということではなく、あなたと接するとき、相手は何を経験するか、にかかっているのである。

あなたの人格は常に周囲に向かって発信しており、長期の人間関係においては、相手はそこからあなたとあなたの行動を、本能的に信頼するかしないか決めているのである。（P352）

一回的な関わりであれば、小手先のコミュニケーション術で乗りきれることもあるかもしれません。でも仮に一回きりの関係だったとしても、意外に人は人を見きっていて、会った瞬間に、その人がどういう人なのか、ある程度のことは感じているのではないでしょうか。

ましてやチームとして継続的に、長期的に誰かと関わっていくときには、本能的に相手のことを感じて動くことになります。そこで信頼関係を築くには、自分が日々どういうふうに行動しているかとか、考えているか、ということが重要になってくるのです。
第四章で日常の行いが本番に出てくる、というお話がありましたが、チームワークでも同じことが言えそうです。

お守り言葉
三二

信頼するかしないかは日頃の行いで決まる。

基本理念と変化

私たちの身体では、細胞の一つひとつが、「元気に生きる」というひとつの方向に向けてそれぞれ働いています。松下幸之助さんが語られていたように、チームをひとつの身体と考えるならば、そのチームがどの方向に向かっているのか、ということは、身体にとっての「元気に生きる」くらいに重要なもののはずです。

当たり前のことのようですが、チームのみんな、それぞれがんばっているけれど、全体が行きたい方向が実はわからないことって、よくあるのではないでしょうか。

そんなチームの方向性について、世界中で三五〇万部を超えて読まれるベストセラー『ビジョナリー・カンパニー』（ジェームズ・C・コリンズ、ジェリー・I・ポラス、日経BP社）から学びたいと思います。

この本では、「業界で卓越した企業である」「最高経営責任者（CEO）が世代交代している」「一九五〇年以前に設立されている」などの条件を満たす会社をビジョナリー・カンパニーとして抽出し、六年間にわたり調査。他の企業とくらべて何が優れているのか？　ということを徹底的に調べた一冊です。『思考は現実化する』にしろ、『7つの習慣』にしろ、徹底的に調べる、というのがアメリカらしいですね。

たくさんのことが分析結果として書かれていますが、中心となる考え方として、「基本理念を維持すること」と「進歩を促すこと」が、中国の陰陽のマークのようにうまく共存しているかどうかが、ビジョナリー・カンパニーかどうかを決める、ということが言われています。

この点から、本書の中心になっている概念が導き出される。その概念とは、「基本理念を維持しながら、進歩を促す」であり、これこそが、ビジョナリー・カンパニーの真髄である。(P135)

さらに、変わらない基本理念というのは、その会社の「文化、戦略、戦術、計画、方針などの基本理念ではない慣行と混同しないことが、何よりも重要である」とも書かれます。

時間の経過とともに、文化の規範は変わる。戦略は変わる。製品ラインは変わる。目標は変わる。能力は変わる。業務方針は変わる。組織構造は変わる。報酬体系は変わる。あらゆるものが変わらなければならない。その中でただひとつ、変えてはならないものがある。それが基本理念である。少なくともビジョナリー・カンパニーになりたいのであれば、基本理念だけは変えてはならない。（P135）

ミシマ社で言ったら「原点回帰の出版社」「一冊入魂」ということ。そこさえ変わらなければ、逆にそれ以外は「とにかく変わるべきである」ということ。これは個人にも言えることかもしれません。第一章に登場された方々のように大きな信念は必要だけれど、そこへ向かう手段や通る道は、ありとあらゆる方法を考える。もちろん途中でどんどん変更していく。絶えず新陳代謝するということ。身体にとっても、会社にとっても、「生きる」ということはそういうことにほかなりません。

お守り言葉

三三

基本理念は大事。それ以外のすべては変化させる。

この本でぼくが体験したものは ぼくのものです

ナカムラケンタ

まだサラリーマンをしているときに、ぼくはモヤモヤした毎日を過ごしていました。日々、求められることと、自分の目指しているものがなんとなく違うもののように感じたからです。でも仕事なんだからと、割り切ることができれば楽だったのかもしれません。オンオフというように仕事以外の時間を充実させることで、やり過ごすこともできたかもしれない。でもぼくはこの一冊に出会ってしまい、それじゃいけないと思うようになりました。

『自分の仕事をつくる』は、これまでに読んだ仕事に関する本とまったく違った印象がありました。多くの本はうまく働くための処世術だったり、成功体験とその実践方法というように、明確に伝えたいことがあります。そのために、伝えたいことをいかにして読者に理解してもらうかよく考えられていて、順序よくロジカルに書いてあることが多いのです。たとえば三つの法則があって、それはどういうもので、どうすれば会得できるか、というように。すんなりと理解できるので、一回読めば充分だったりします。

でも『自分の仕事をつくる』は、押しつけたい答えみたいなものを持っているわけではありませんので、読者を誘導するような意図も感じません。基本的には誰かを訪ねて、仕事の話をする内容です。何回読んでも読むごとに新しい発見があります。読む人によっても、その人の置かれた環境によっても感想が変わってくるような本です。

●行きづまりに効く一冊
『自分の仕事をつくる』（西村佳哲、ちくま文庫）

●行きづまったときのおすすめ
「日本仕事百貨」を読んでみてください。求人記事ですが、転職しない人にもおすすめです。

著者の西村佳哲《よしあき》さんのワークショップに参加すると、同じスタンスを感じます。たとえば一冊のノートが渡されることがあります。使い方の説明があり、見開きで左側に印象に残った言葉を書き留めて、右側に自分の中から思いついた言葉を書くように言われます。左の聞いた言葉よりも、それを聞いて自分の中から出てきた右の言葉のほうが大切である、ということのようなのです。『自分の仕事をつくる』で下のほうに余白が多いのも同じ理由です。

でもこれは当たり前のことだと思うんです。生き方・働き方は人それぞれですから。こうしたらいい、というように万人に当てはまる真理みたいなものはありません。それに言葉で説明するよりも体験することでしか、自分のものにならないように思います。どんなに科学的に正しいとしても、心理テストや適性判断の結果って、すぐ忘れてしまうじゃないですか。外から与えられたものって簡単に手放してしまうものです。でも自分の経験などを通して得たものは、ずっとその人の中に残ります。

西村さんの本は、まるで西村さんと一緒に体験しているような時間が得られるものなのです。そして読むごとに何かを得られるような気がします。西村さんは、このあとに出版された本のほうがお気に入りのようですけど、この本でぼくが体験したものはぼくのものです。ぜひみなさんもこの本を読んでみて、感じたことを大切にしてみてください。

●行きづまっている若者へ一言

まずはいろいろな生き方・働き方のボキャブラリーを増やしてください。本を読んだり話を聞いたり。そうしたものが組み合わさって文章になり、自分の物語になると思います。

なかむら・けんた

一九七九年、東京都生まれ。日本仕事百貨代表。明治大学建築学科を卒業後、不動産会社に入社。二〇〇八年八月、生きるように働く人の求人サイト「日本仕事百貨」を立ち上げ、翌年一〇月シゴトヒトとして法人化。全国各地で「自分ごと」「隣人を大切にする」「贈り物」な仕事を取材・紹介しながら、新しい仕事との出会い方の提供、生き方・働き方の多様性を伝えている。その他にも、新しい出版レーベル「シゴトヒト文庫」の企画運営や「シブヤ大学しごと課」ディレクター、『みちのく仕事』編集長なども務めている。

頼りない生《なま》牡蠣《がき》のような感受性があってもいいんだ

岡崎史子

三〇歳頃（入社八年目）、書店でビジネス書担当をしながら、レジの責任者も兼任しておりました。書籍仕入れの担当として売上アップし結果を出すことと、担当レジのマネジメントの両立が求められており、上司業に不慣れだった当時は思い悩むことが多々ありました。

自己分析をしてみても、カリスマ的リーダーシップはなく才能豊かでもない自分にとって、田島さんの提唱される「シマウマ型プレイングマネジャー」は目指すべきロールタイプに思えました。

『プレイングマネジャーの教科書』は読み物としても面白いのですが、具体例の豊富なテクニック本としても読める一冊です。仕事で行きづまった時、もちろん、他のビジネス書や周囲の方々に助けられることもありましたが、恐らく一番読み返しているのがこの本だと思います。

部下（アルバイト・社員）とのコミュニケーションに始まり、チーム（レジ）としての運営方法を仕組み化する。個人的には、上司との付き合い方で思い悩んだことはあまりないのですが、他愛もない話をよくすることで、いつでも話ができます、という姿勢をキープする。余裕なく焦っていることが多いのが自分の欠点ではあるのですが、こういった日々の習慣でカバーできるようになれました。

●行きづまりに効く一冊

『プレイングマネジャーの教科書』（田島弓子、ダイヤモンド社）

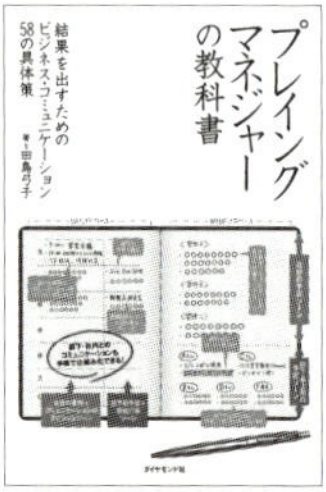

●行きづまったときのおすすめ

誰かと会って話をすること。読書は内省的行動にあたりますが、それだけではバランスは取れないと思っています。

ビジネス書の数字（売上）を上げるといった成果面については、部下とのコミュニケーションにプラスして、彼らを信用し任せること、情報や意思を共有することの蓄積が、自然と結果を導いてくれました。また、お互いの仕事を日々理解し、認め合っていることも、メンタル面を健やかに保っている要因だと考えています。

昨今、書籍販売を取り巻く環境は大変厳しいものですが、幾分かの結果を出し、楽しく仕事ができるようになった現在は、自助努力もしておりますが、社内社外での関わっている方々に恵まれているため、とも思っています。

また、入社以来仕事でもプライベートでも救われているのが、『おんなのことば』（茨木のり子、童話屋）です。初めて読んだのは学生時代の終わりでした。新入社員時代、自分の不甲斐なさに悶々とすることも多く、かといってその未熟さを直視する勇気がなかなか持てずにいました。自分にとって身近だったであろう「入社〇年目までに身につけたい～」「25歳の～」といった書籍に目を通せず、避けて回っていた日々でした。その当時に、よく読んでいた本です。

詩の言葉から、自らの強さや弱さ、人生での諦めについて感じた後、いつも「汲む―Y・Yに―」という詩で再生の可能性を思うのです。またやり直せる、みたいな。

初々しさや、頼りない生牡蠣のような感受性があってもいいんだ。

思い悩むことが多かった社会人になりたての時、幾度となく救われました。社会人一〇年目となった今でも、読み返します。大きな仕事をする時や、近しい人と接する時、どんな時もひっそり持ち合わせていたい、と思い、いつもこの本を読み終えています。

●行きづまっている若者へ一言

「いいとか悪いとかいうことではない。『そういうこと』なんだ」斉須政雄さんの言葉です（『調理場という戦場』幻冬舎文庫）。

おかざき・ふみこ

一九八〇年、茨城県生まれ。三省堂書店有楽町店ビジネス書担当。入社以来、専門書の担当をしている。

*

第八章　世界がよくなるために

第一章から第七章までで、仕事のお守りについての重要なポイントはすべて言い尽くしたと言っていいと思います。

これまでの言葉を何度も読みなおして吸収し、身体に取り込んでいただければ、お守りの効果もより高まってくるのではないかと思います。

では最後に、仕事そのものを超えて、よりスケールの大きな生き方をした方々の言葉を少しだけ紹介したいと思います。

成熟は遅い方がよい

まず、最初にご紹介するのは、日本が誇る数学者である岡潔《きよし》先生です。岡先生は一九〇一年、大阪生まれ。世界的な数学の研究をつづけ、次々と研究論文を打ち出しました。あまりに質の高い論文の多さに、当時海外では、「オカキヨシ」というグループがあると思われていた、という逸話もあるほどです。

そんな岡先生が、『春《しゅん》宵《しょう》十《じゅう》話《わ》』（光文社文庫）という本において、人間の生き方について語られ、現代社会に警鐘を鳴らしています。その言葉は、忘れてはならない、むしろ今こそ活かすべきものばかりだと思いますので、いくつかご紹介します。

すべて成熟は早すぎるよりも遅すぎる方がよい。（P12）

今のビジネスの現場においてはスピードが求められ、スピード感がないことがよくないことのように言われていますが、むしろ岡先生は、「成熟は早すぎるよりも遅すぎる方がよい」と語られます。なぜなら、人とけものの違いは、人の成熟が遅い点にあるからです。

牛や馬なら生まれ落ちてすぐ歩けるが、人の子は生まれて一年間ぐらいは歩けない。そしてその一年の間にこそ大切なことを準備している。（P12）

成熟が早いということは、人の人たる所以《ゆえん》であることをおろそかにすることだと岡先生は指摘します。このように、人類史的観点からとらえると、スピード社会というものの未成熟ぶりがかえって浮かび上がってくるように思います。

さきほどのスピードの話と絡めてもう一つご紹介します。

何事によらず、力の強いのがよいといった考え方は文化とは何のかかわりもない。むしろ野蛮と呼ぶべきだろう。（P43）

「早い」ということや、「力が強い」ということの価値は、人類の観点からみるとけっして高いものではないことが、岡先生の言葉をとおすことであらためてよくわかります。

では、人間とはどう生きるべきか。岡先生は次のように語られます。

向上もなく理想もない世界には住めない。だから私は純理性の世界だけでも、また宗教的世界だけでもやっていけず、両方をかね備えた世界で生存し続けるのであろう。（P60）

ここでいう宗教的世界とは、「自他の対立なく安息が得られる世界」のことです。が、自他の対立のない世界は、向上もなく理想もないものでもあります。この相反するもの、両方を目指す存在として人間はある、と岡先生は言います。

なかなか難しいですが、では、そのように生きるために人はどうすればよいか。それは「直観」を持って生きていくことである。その直観を持って生きるにはどうすればよいか。

一つは「正直に生きる」ということ、そしてもう一つは「謙虚である」ということ。

情緒がきれいであることによって、直観は呼び起こされる。

情緒中心ということと、直観を疑わないですぐ実践に移すというのが昔からの特徴で、日本人は放っておいてもそのやり方でやってきた。それだけに直観の内容というのが大いに大切になってくるわけである。

直観という大自然の智力は垢質がまじったままではあるが、私たちの行住坐臥、日常茶飯事に働いて、それらに存在を与えている。（P61）

このような岡先生の言葉は、そのまますぐには理解できなくても、くりかえしくりかえし忘れないように読み直し、自分のものにしていきたいです。

お守り言葉

三四

情緒がきれいであることによって、直観は呼び起こされる。

人類史的スパンでものを見る

ここでもうひと方ご紹介しましょう。同じことを別の角度から言っているのが、ガンディーです。『ガンディー獄中からの手紙』（岩波文庫）の中で、謙虚について語られています。

ほんとうに謙虚な人は、自分の謙虚さを意識しないものです。心理やこれに類するものは、あるいは測定の余地はあるかもしれませんが、謙虚さを計ることはできません。（P81）

生命としての私たちの存在はほんとうにはかないものです。永遠から見れば、百年など何ほどのことがありましょうや。（P81〜82）

ガンディーは人類史の大きなスパンから、自分たちの存在を「なにもないもの」「はかないもの」として見ていることがよくわかります。そういう立場になってこそ、岡先生のいう「直観」もはたらくのでしょう。

一方で、宗教的世界の反対にある、自他の対立のある理性的世界では、人は理想を持ち向上していくことが必要です。向上していくには、何かを自分で決めなくてはなりません。そこでガンディーは、「誓いを立てるというのは、不退転の決意を表明すること」だと述べています。

古今東西の人間性についての経験は、不撓《ふとう》の決意なくしては、進歩は望みえないことを物語っています。（P89）

謙虚で正直であること。と同時に、現在の社会に対して自分が何かを決めて行うということに対しては、すべて不退転の決意を持って行うことのみが誓願、誓いなのだということです。

そのような自分にもっていくひとつの方法として、ガンディーは、「嗜欲《しよく》を抑制する」ことを勧めています。たとえば、「性的享楽のために、故意に生命力を濫費《らんぴ》するのは、なんとばかげたこと」と戒めています。これは、岡潔さんにも通じるところがあります。人類の広い理性世界に対して、一人の人間として自分の生命を捧げなければならないということです。

これが、謙虚に生きていくということの実例であり、ここでご紹介した言葉は、その両方の世界を実際に生きた人たちの言葉です。こういう方々の言葉を引き継いでいくのは私たちの義務のはずです。

お守り言葉

三五

謙虚で正直であると同時に、誓いは常に不退転の決意で立てること。

最後に、この方の言葉で本書を終えたいと思います。

もはや説明は不要かもしれませんが、手塚治虫《おさむ》さんです。代表作は「すべて」、といっても過言ではないと思いますが、『火の鳥』『鉄腕アトム』『ジャングル大帝』『ブラック・ジャック』などなどがあります。少年、少女問わず、その後のマンガの発展はひとえに手塚先生の存在にあります。私たちが今読んでいるマンガも、手塚先生の影響を受けていないものはないでしょう。

現代を生きる私たちにも多大なる影響を与えつづける手塚先生ですが、一九九七年に発刊された『ぼくのマンガ人生』(岩波新書)で、これからを生きる若い人たちに向けて、とても大切な言葉を残しています。「我慢を実行してほしい」「一期一会を座右の銘に」「肩書きはいらない」などなど。その最後の最後に、「いばらず謙虚に」というメッセージを残されました。

文化は目に見えません。たとえば東南アジアの国々には、それぞれの文化があるのです。(略)文化が一番重要なのです。そういう文化は、日本ともちろんちがいますが、日本よりすぐれているものがいっぱいあるのです。(略)これから世界中の人たちと手をつなぎあっ

ていくうえでは、みなさんは謙虚に、控えめに、人間らしくつきあっていってほしいのです。（P180）

手塚先生が、これ「だけ」は約束してほしいと私たちに託したこと。働く、生きる、ということをとおして、私たちは必ず実行していかねばなりません。こういう言葉を残してくださったことに感謝し、その恩恵に対し私たちがお返しできる唯一のことは、その言葉を日々実践することをおいて、ほかにはないはずですから。

そうした日々の行動が「お守り」となって私たちを支えてくれるにちがいありません。そして、自分たちの実感をともなう「お守り言葉」を次代へとしっかり引き継いでいくことも忘れないでいたいです。

お守り言葉

三六

謙虚に、控えめに、人間らしく。

自分の何から何までをも、自分の信じる仕事の中にぶつけちゃっていいんだ

木村俊介

たぶん若い方が、疲れていて、しかも抱えた状況もごちゃごちゃになっているという時に読めるものは、おそらく、「むずかしくはないけれども、大事なことを伝えてくれる本」になるのかな、と想像します。

それなら、と、ぱっと思いつく本で言うのならば、私がおすすめできるのは、斉須《さいす》政雄さんという料理人の方による二〇〇二年刊の『調理場という戦場』（朝日出版社）なんじゃないかな、と思います。この本は三五歳のいまでも愛読書なのですが、あえて「行きづまり」に絡めて、割と本質的な意味でかたわらにいてくれたな、という体験で言うのならば、二四歳（二〇〇一年）の時と三〇歳（二〇〇七年）の時に、深くて濃いめに関わったかなと思います。

……え、二〇〇一年ってさっき言った出版の年よりも前だよね、と思われるかもしれませんが、そのとおりです。私はじつはこの本には、「聞き手」として参加して、じかに、たぶん何十時間か話をうかがい、文章にまとめるという仕事をやらせてもらいました。その体験そのものが、当時、まずは行きづまっていた自分の道を切り拓いてくれたところがありました。

言葉のほんとうの意味でまじめでていねいな、素敵な仕事をしつづけている料理人の斉須さんは、じかには言わないけれども、生きるってこういうことなんじゃないの、けっこう熱

●行きづまりに効く一冊
『調理場という戦場』（斉須政雄、朝日出版社）

●行きづまったときのおすすめ
写真集を眺めて中の空気にひたること。『センチメンタルな旅・冬の旅』（荒木経惟、新潮社）なんてすばらしくて特におすすめかも。

く思いっきりぶつかってもいいんじゃないのと、仕事と生活に関する何から何までを、優しくユーモアを混ぜて伝えてくださりました。じつは「自分の何から何までをも、自分の信じる仕事の中にぶつけちゃっていいんだ」という開き直りにまで達していなかった当時の私は、話をうかがい、文章を構成し、これは自分がいままで聞いてまとめたものの中で、いちばんおもしろいものなのかも……と思いながら本にして伝えるまでに、最初の聞き手として不思議な体験をしました。読み直し、書き直すうちに、何か新しい自分ならではの仕事を作りたくてたまらないなって気になったのです。当時、いま思えば行きづまっていたのだなと回想するのも、そのあとに、別人のように活力が湧き出たからわかったことなんです。

そんな元気が出てきた延長線上で独立していまの仕事をはじめた二〇〇七年には、それこそ大きな組織に所属しないで個人で仕事をする上での良さも悩みもぜんぶぶつけてくれているこの本が、職業はちがうのだけれども、いちばんの相談相手になってくれました。記された言葉を信じるってよりは、肉声にこめられたゴツゴツと無骨な努力の量の多さ、精神的な高貴さやタフさに打たれるっていう感じの読書になるわけです。フリーで仕事をやっていれば、正直、「……うわぁ、業務がぜんぜん終わらない!」など、行きづまりなんてしょっちゅうなんだけれど、さっき言ったような意味で、この本はいまだに、大事というだけではなくて、それこそ「行きづまり」の時の、誰とも相談できないことを抱えながら読んでは自分と対話できるような「触媒」でもあるんです。

●行きづまっている若者へ一言
むずかしい状況下では、うまくいかないのも当然なので、まず行きづまりを前提とし、その上で何ができるかと動くのも手なのでは。

きむら・しゅんすけ
一九七七年、東京都生まれ。インタビュアー。学生時代に書いた『変人 埴谷雄高の肖像』(文春文庫)でデビュー。糸井重里事務所を経て独立。著書に『仕事の話』(文藝春秋)『物語論』(講談社現代新書)『料理の旅人』(リトルモア)『「調べる」論』(NHK出版新書)などがある。

明日は明日の風が吹く

平川克美

これまでの人生で進退窮《しんたいきわ》まったと感じたことは何回かありました。しかし、いまこうして生きているわけですから実際には進退窮まったわけではなかったわけですね。抜け道があったってことです。ぼくの場合窮地に立っていても何故かどこかから救助の手が差し伸べられるということがあって、幸運ということもあるのでしょうが、「何とかなるだろう」というどこか楽観的な体質が自分を救ってくれているのだと感じています。

「明日は明日の風が吹く」。これはぼくの大好きな言葉なんです。実際には明日も今日と同じ風が吹くのかもしれませんが、そう呟くだけでなんだか気持ちが楽になるような気がします。往くも地獄、復るも地獄ということもあるでしょうが、そんな場合でも風が吹くまで、しばらくそこにうずくまっていればいい。うずくまっていられないなら、うろうろしていればいい。うろうろできないのであれば、不貞腐れて寝てしまえばいい。そうするうちに、風が吹いてくる。まあ、実際のところはわからないのですが、ぼくの場合はこれは経験則みたいなものです。

進退窮まるとか言っても、ほとんどの場合はなんとかなるものです。そのほとんどは、金の問題か人間関係の問題で、戦争でもないかぎりは生きる道は残されている。そもそも、金の問題なんかで、進退窮まるなんて筋が違うと思います。

●行きづまりに効く一冊

『春は鉄までが匂った』(小関智弘、ちくま文庫)

●行きづまったときのおすすめ

行きづまったときは、その原因とは無関係のものに触れるのがいいんです。自分の好きな映画を観る。ぼくの場合は、成瀬巳喜男とか、小津安二郎とか、黒澤明の映画ですが、こんな見事な仕事をした先達の作品に触れられるというだけで、うれしくなります。ぼくにとっての明日吹く風とは、映画の中を流れている風なのかもしれませんね。

そんなわけで、仕事とか人間関係で行きづまったときに、それを解決しようとして何か読むということはありません。ただ、何かを考えるときのきっかけとして、よく本棚から引っ張り出す本ならあります。それが『春は鉄までが匂った』という本です。この本はものづくり現場で、腕一本で生きている職人たちに取材したルポが中心になっているのですが、著者の小関さんの労働に対する考え方がはっきりとあらわれていて、思わずこちらの背筋が伸びるのです。

何よりもこの本のタイトルが素敵です。もともとこの言葉は、昭和五十二年の直木賞の候補になった『錆色《さびいろ》の町』の最後の一行なのですが、当時この一行が話題になりました。鉄は匂わないのに、それを匂うと表現するのは作者の思い入れが過ぎるのではないかという批判があったのです。しかし、後年このいきさつを知って、何いってやがる、鉄の匂いを知らないやつが、机上のたわごとをいいやがってと思ったものです。どうしてかというと、ぼくの実家が工場だったこともあって、鉄の匂いと聞いただけで鼻腔がくすぐられるような懐かしい気持ちになったからです。

以来「鉄の匂い」という言葉は、ぼくにとっての原点のような意味をもつようになりました。ぼくも、いつか鉄の匂いのするような文体で綴られた作品を書いてみたいと思っています。

●行きづまっている若者へ一言

ほとんどの場合、行きづまりは何かに固着するところから来ています。時間軸を長くとったり、まわりを見わたしてみれば、自分が何に固着していたのかが見えてくるのではないでしょうか。「明日は明日の風が吹く」です。

ひらかわ・かつみ

一九五〇年、東京都生まれ。一九七五年、早稲田大学理工学部機械工学科卒業後、渋谷道玄坂に翻訳を主業務とするアーバン・トランスレーションを内田樹らと共に設立、代表取締役となる。現在、株式会社リナックスカフェ代表取締役。株式会社ラジオカフェ代表取締役。立教大学大学院ビジネスデザイン研究科特任教授。著書に『ビジネスに「戦略」なんていらない』（洋泉社新書y）、『移行期的混乱―経済成長神話の終わり』（筑摩書房）、『小商いのすすめ』（ミシマ社）、『俺に似たひと』（医学書院）など。

お守り言葉三六

第一章　パワーをもらう——勇気と元気

○一　自分を作り替えようとしてはいけません。

○二　すばらしい考えは、仕事をしているとき生まれてくる。

○三　「絶対に生かされる」という楽天的な信念。

○四　人間は経験を積むために生まれてきた。

○五　他人と比べて一番になるなんてちっぽけなこと。自分が信じた道を歩く。

○六　ワクワクするものを思い描きつづける。

第二章　不安一掃——厄除け

○七　これができた、を自信にする。

○八　悩み期間は成長の時間。

○九　もうダメだと思ったときが仕事の始まり。

第五章　伝える、受けとる――メディア力

第六章　ひとにやさしく――包容力と温かさ

第七章　みんなでいい結果——チームワーク

二九　身体は宇宙の広大さを再現したもの。

三〇　「自分にできないこと」を知り、敬意をもって支援を乞う。

三一　信頼関係こそ「効率性」です。

三二　信頼するかしないかは日頃の行いで決まる。

三三　基本理念は大事。それ以外のすべては変化させる。

第八章　世界がよくなるために

三四　情緒がきれいであることによって、直観は呼び起こされる。

三五　謙虚で正直であると同時に、誓いは常に不退転の決意で立てること。

三六　謙虚に、控えめに、人間らしく。

引用文献

『女子学生、渡辺京二に会いに行く』(渡辺京二×津田塾大学三砂ちづるゼミ、亜紀書房)
『エリック・ホッファー自伝　構想された真実』(エリック・ホッファー著、中本義彦訳、作品社)
『ほんまにオレはアホやろか』(水木しげる、新潮文庫)
『[新版]石橋を叩けば渡れない。』(西堀栄三郎、生産性出版)
『裸でも生きる　25歳女性起業家の号泣戦記』(山口絵理子、講談社)
『思考は現実化する』(ナポレオン・ヒル著、田中孝顕訳、きこ書房)
『「原因」と「結果」の法則』(ジェームズ・アレン著、坂本貢一訳、サンマーク出版)
『もりだくさんすぎ　yoshimotobanana.com 2010』(よしもとばなな、新潮文庫)
『謎の会社、世界を変える。エニグモの挑戦』(須田将啓、田中禎人、ミシマ社)
『働き方　「なぜ働くのか」「いかに働くのか」』(稲盛和夫、三笠書房)
『青空人生相談所』(橋本治、ちくま文庫)
『だれのための仕事　労働vs余暇を超えて』(鷲田清一、講談社学術文庫)
『やる気！攻略本　自分と周りの「物語」を知り、モチベーションとうまくつきあう』(金井壽宏、ミシマ社)
『風邪の効用』(野口晴哉、ちくま文庫)
『味覚日乗』(辰巳芳子、ちくま文庫)
『運命を拓く』(中村天風、講談社文庫)

『人生がときめく片づけの魔法』（近藤麻理恵、サンマーク出版）
『［新装版］勝負のこころ』（大山康晴、ＰＨＰ研究所）
『日本の弓術』（オイゲン・ヘリゲル著、柴田治三郎訳、岩波文庫）
『「ひとつ、村上さんでやってみるか」と世間の人々が村上春樹にとりあえずぶっつける４９０の質問に果たして村上さんはちゃんと答えられるのか？』（村上春樹、朝日新聞社）
『聞く力　心をひらく35のヒント』（阿川佐和子、文春新書）
『おとなの小論文教室。』（山田ズーニー、河出書房新社）
『視点をずらす思考術』（森達也、講談社現代新書）
『人を動かす［新装版］』（Ｄ・カーネギー著、山口博訳、創元社）
『論語と算盤』（渋沢栄一、角川ソフィア文庫）
『考えすぎ人間へ　ラクに行動できないあなたのために』（遠藤周作、青春出版社）
『おむすびの祈り「森のイスキア」こころの歳時記』（佐藤初女、集英社文庫）
『いまを生きる言葉「森のイスキア」より』（佐藤初女、講談社）
『独立国家のつくりかた』（坂口恭平、講談社現代新書）
『ありのまま　ていねいに暮らす、楽に生きる。』（梶田真章、リトルモア）
『道をひらく』（松下幸之助、ＰＨＰ研究所）
『街場の教育論』（内田樹、ミシマ社）
『働く君に贈る25の言葉』（佐々木常夫、ＷＡＶＥ出版）

『7つの習慣　成功には原則があった!』(スティーブン・R・コヴィー著、ジェームス・スキナー、川西茂訳、キングベアー出版)
『ビジョナリー・カンパニー　時代を超える生存の原則』(ジェームズ・C・コリンズ、ジェリー・I・ポラス著、山岡洋一訳、日経BP社)
『春宵十話』(岡潔、光文社文庫)
『ガンディー 獄中からの手紙』(ガンディー著、森本達雄訳、岩波文庫)
『ぼくのマンガ人生』(手塚治虫、岩波新書)

制作協力　足立綾子、松井真平

ミシマ社について……
「原点回帰の出版社」として2006年10月に代表・三島邦弘が単身創業。現在メンバーは7名。全員全チーム（編集・営業・仕掛け屋）の仕事をするという方針で、東京・自由が丘、京都市の二拠点で、「一冊入魂」の出版活動を展開中。京都府城陽市で「ミシマ社の本屋さん」も開店中（土曜のみ）。「直取引」という営業スタイルで、「一冊」を全国の書店に卸し、読者の方々とまっすぐつながることをめざしている。

仕事のお守り

二〇一三年五月十一日　初版第二刷発行

編　者　ミシマ社
発行者　三島邦弘
発行所　（株）ミシマ社
郵便番号　一五二-〇〇三五
東京都目黒区自由が丘二-六-一三
電話　〇三（三七二四）五六一六
FAX　〇三（三七二四）五六一八
e-mail　hatena@mishimasha.com
URL　http://www.mishimasha.com/
振替　〇〇一六〇-一-三七二九七六

装丁　大原健一郎（NIGN）
印刷・製本　（株）シナノ
組版　（有）エヴリシンク

ISBN：978-4-903908-42-7